Lutz Völker

Unternehmensbewertung kompakt

Unternehmensbewertung kompakt

Lutz Völker

Bibliografische Information der Deutschen Nationalbibliothek: Die Deutsche Nationalbibliothek verzeichnet diese Publikation in der Deutschen National-bibliografie; detaillierte bibliografische Daten sind im Internet über http://dnb.d-nb.de abrufbar.

1. Auflage 2015

© 2015 Lutz Völker

Herstellung und Verlag: BoD - Books on Demand, Norderstedt

ISBN 978-3-7347-8195-7

Vorwort

Die Bewertung von Unternehmen ist eine anspruchsvolle betriebswirtschaftliche Dienstleistung. Dabei spielen viele betriebswirtschaftliche Grundlagen, wie z.B. die Investitionstheorie, das Rechnungswesen und die Unternehmensplanung eine Rolle.

Im vorliegenden Buch werden zunächst die Grundlagen dargestellt, auf denen die Unternehmensbewertung basiert. Ausgehend von Anlässen und Funktionen der Unternehmensbewertung wird nach einem kurzen Überblick über die gängigen Verfahren auf die finanzwirtschaftlichen Grundlagen und den Jahresabschluss eingegangen.

Danach erfolgt eine Darstellung der gängigen Verfahren mit Schwerpunkt auf den Gesamtbewertungsverfahren. Dabei wird weitgehend durchgängig ein Fallbeispiel zugrunde gelegt, auf dessen Basis die Unternehmenswerte nach den verschiedenen Methoden ermittelt werden. Eine Ausnahme stellen die branchenspezifischen Bewertungsverfahren dar, für welche das Beispiel nicht „passt".

Die Idee für dieses Buch basiert auf den Erfahrungen der vom Verfasser gehaltenen Vorlesungen zur Unternehmensbewertung in den Wintersemestern 2011/12 und 2012/13 an der Adam-Ries-FH.

Lutz Völker

Inhaltsverzeichnis

Verwendete Formelzeichen

A_0	...	Anschaffungsauszahlung
A_t	...	Auszahlung zum Zeitpunkt t
BE	...	korrigierte Betriebsergebnisse beim AWH-Verfahren
BG	...	Bezugsgröße
BW	...	Barwert
BW^{nSt}	...	Barwert nach Steuern
β	...	Beta-Faktor
β_V	...	Beta-Faktor verschuldet
β_U	...	Beta-Faktor unverschuldet
cbs	...	corporate bond spread
E	...	Einzahlung bzw. Ertragshundertsatz beim Stuttgarter Verfahren
E^{nSt}	...	Einzahlung nach Steuern
E_t	...	Einzahlung zum Zeitpunkt t
EBIT	...	Earnings before Interest and Taxes
EK	...	Eigenkapital
EÜ	...	Ertragsüberschüsse
EV	...	Enterprise Value
FCF	...	Free Cash Flow
FK	...	Fremdkapital (verzinst)
FTE	...	Flow to Equity
GK	...	Gesamtkapital
i	...	Zinssatz bzw. Kapitalkosten
i_{AWH}	...	Diskontierungszinssatz nach dem AWH-Verfahren
i^{nSt}	...	Zinssatz bzw. Kapitalkosten nach Steuern
$i_{EK,V}$	...	Eigenkapitalkosten des verschuldeten Unternehmens
$i_{EK,U}$	...	Eigenkapitalkosten des unverschuldeten Unternehmens

i_{EK}^{nSt}	...	Eigenkapitalkosten nach Steuern
i_{FK}	...	Fremdkapitalkosten (vor Steuern)
$i_{\ddot{U}G}$	...	Zins zur Diskontierung der Übergewinne
i_{WACC}	...	Gesamtkapitalkosten (WACC)
KGV	...	Kurs-Gewinn-Verhältnis
K_L	...	Liquidationskosten
KUV	...	Kurs-Umsatz-Verhältnis
L_n	...	Liquidationserlös
L_{NBV}	...	Liquidationswert des nicht betriebsnotwendigen Vermögens
L_V	...	Liquidationswert der Vermögensgegenstände
M	...	Multiplikator
μ	...	Erwartungswert
n	...	Jahre
NW	...	Nennwert eines Anteils beim Stuttgarter Verfahren
q	...	Zinsfaktor $(1 + i)$
r_B	...	risikoloser Basiszins
RBF	...	Rentenbarwertfaktor
r_D	...	Dividendenrendite
r_K	...	Kursgewinnrendite
r_M	...	Rendite des Marktportfolios
s	...	Unternehmenssteuersatz
s_{AB}	...	Abgeltungssteuersatz
s_{eff}	...	Effektivsteuersatz
σ	...	Varianz
t	...	Zeitpunkt/Jahr
T	...	Detailplanungszeitraum
TV	...	Terminal Value
UW_{AWH}	...	Unternehmenswert nach dem AWH-Verfahren
UW_{APV}	...	Unternehmenswert nach dem APV-Verfahren

UW_{EW}	...	Unternehmenswert nach dem Ertragswertverfahren
UW_{FTE}	...	Unternehmenswert nach dem Equity-Verfahren
UW_{LW}	...	Liquidationswert des Unternehmens
UW_M	...	Unternehmenswert nach dem Multiplikatorverfahren
UW_{MW}	...	Unternehmenswert nach dem Mittelwertverfahren
UW_{SV}	...	Unternehmenswert nach dem Stuttgarter Verfahren
UW_{SW}	...	Substanzwert des Unternehmens
$UW_{ÜG}$	...	Unternehmenswert nach dem Übergewinnverfahren
UW_{WACC}	...	Unternehmenswert nach dem WACC-Verfahren
V	...	Vermögenswert in Prozent beim Stuttgarter Verfahren
w	...	Wachstumsrate
W_{BV}	...	Wiederbeschaffungswert des betriebsnotwendigen Vermögens
WG	...	Wertgröße
X	...	Anteilswert in Prozent beim Stuttgarter Verfahren
z_F	...	Fungibilitätszuschlag
z_K	...	Zuschlag für Kundenabhängigkeit
z_P	...	Zuschlag für Produkt- und Leistungsangebot
z_B	...	Zuschlag für Branchenentwicklung
z_S	...	Zuschlag für Standort- und Wettbewerbsrisiken
z_{BA}	...	Zuschlag für Betriebsausstattung
z_{AN}	...	Zuschlag für Arbeitnehmerstruktur
z_{EP}	...	Zuschlag für Abhängigkeit von Einzelpersonen
z_{sonst}	...	Zuschlag für sonstige Risiken
z_{IH}	...	Zuschlag für Abhängigkeit vom Inhaber

Literatur

Behringer, Stefan: Unternehmensbewertung der Mittel- und Kleinbetriebe, 5. Auflage, Berlin 2012.

Drukarczyk, Jochen/Schüler, Andreas: Unternehmensbewertung, 5. Auflage, München 2007.

Ernst, Dietmar/Schneider, Sonja/Thielen, Bjoern: Unternehmensbewertungen erstellen und verstehen, 4. Auflage, München 2010.

IDW Standard: Grundsätze zur Durchführung von Unternehmensbewertungen (IDW S1 i.d.F. 2008).

Schempp, Andreas Conrad: Unternehmensbewertung im Handwerk. Betriebswirtschaftliche Analyse des AWH-Standards zur Unternehmensbewertung, München 2012.

Wiehle, Ulrich u.a.: Unternehmensbewertung - Methoden, Rechenbeispiele, Vor- und Nachteile, 4. Auflage, Wiesbaden 2010.

Wöhe, Günter/Döring, Ulrich: Einführung in die Allgemeine Betriebswirtschaftslehre, 24. Auflage, München 2010.

1. Grundlagen der Unternehmensbewertung

1.1. Anlässe und Funktionen

Gegenstand der Unternehmensbewertung ist die Ermittlung des Gesamtwertes eines Unternehmens. Dabei besteht die Zielstellung darin, Entscheidungsträgern Maßstäbe für ökonomisch vorteilhafte Entscheidungen zu treffen.

Die Auffassungen zur „richtigen" Unternehmensbewertung haben sich im Laufe der Entwicklung mehrfach geändert. Dabei lassen sich drei grundsätzliche Auffassungen unterscheiden.

Ursprünglich wurde die objektive Unternehmenswertlehre zugrunde gelegt. Diese vertritt die Auffassung, dass es nur einen objektiven, universell gültigen Unternehmenswert gibt. Der objektive Unternehmenswert gilt für alle Personen und Bewertungssituationen gleichermaßen und stellt ein Merkmal des Unternehmens dar. Um diesen zu ermitteln, dürfen somit nur die im Unternehmen selbst liegenden, objektiven Faktoren berücksichtigt werden. Diese können nach verschiedenen Auffassungen der Substanzwert, das Erfolgspotential oder der Marktwert sein.

Die subjektive Unternehmenswertlehre kritisiert demgegenüber die Auffassung des für jeden gültigen, objektiven Unternehmenswert. Vielmehr wird die Auffassung vertreten, dass der Unternehmenswert von den subjektiven Erwartungen desjenigen abhängt, für den der Wert ermittelt wird. Somit existieren z.B. beim Kauf eines Unternehmens ein subjektiver Käuferwert und ein subjektiver Verkäuferwert. Maßstab der Bewertung ist das zukünftige Erfolgspotential des Unternehmens als Ganzes aus Sicht des Einzelnen.

Aus diesen beiden konträren Auffassungen entwickelte sich die heute dominierende funktionale Unternehmenswertlehre, welche eine Synthese der beiden anderen Auffassungen versucht. Kernstück der funktionalen Bewertung ist, dass der Unternehmenswert nicht nur aus Sicht der Person, sondern auch aus Sicht der Zielstellung der Bewertung unterschiedlich ist. In Folge dessen wird die Unternehmensbewertung durch den Bewertungsanlass dominiert, welcher die verschiedenen Funktionen der Bewertung mit sich bringt.

Somit ist zunächst zu klären, welche Anlässe eine Unternehmensbewertung erfordern und welche Funktionen die Unternehmensbewertung hat.

Es gibt eine Reihe von Anlässen, die eine Unternehmensbewertung erfordern. Dabei lassen sich Bewertungsanlässe mit und ohne Eigentümerwechsel unterscheiden:[1]

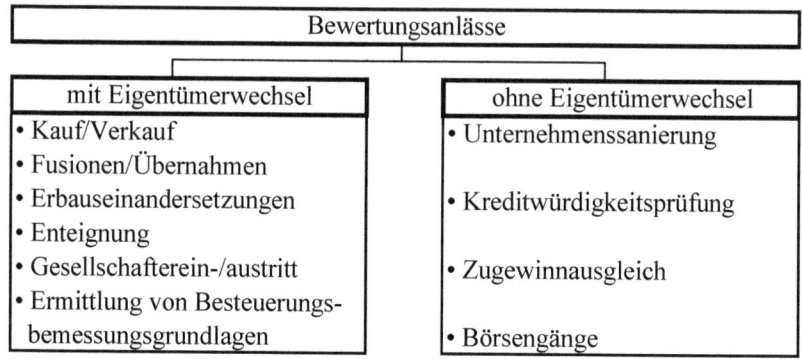

Bewertungsanlässe	
mit Eigentümerwechsel	**ohne Eigentümerwechsel**
• Kauf/Verkauf • Fusionen/Übernahmen • Erbauseinandersetzungen • Enteignung • Gesellschafterein-/austritt • Ermittlung von Besteuerungs- bemessungsgrundlagen	• Unternehmenssanierung • Kreditwürdigkeitsprüfung • Zugewinnausgleich • Börsengänge

Abb. 1: Anlässe für Unternehmensbewertungen

Hauptsächlicher Anlass für Unternehmensbewertungen ist zunächst der **Kauf bzw. Verkauf** von Unternehmen oder Unternehmensanteilen. Der Unternehmenswert soll hier eine Orientierung für den Käufer bzw. Verkäufer zur Preisbemessung liefern.

Dabei ist zu beachten, dass es aus Sicht der funktionalen Unternehmenswertlehre keinen „objektiven" Unternehmenswert im Sinne eines absolut richtigen Wertes gibt. Zu berücksichtigen ist weiterhin, dass Wert und Preis zwei unterschiedliche Größen sind.

Der Unternehmenswert ist zweck- und personenabhängig. So macht es z.B. einen Unterschied, ob ein Unternehmen mit oder ohne Änderung des Zwecks fortgeführt bzw. in Teilen veräußert werden soll. Aus Sicht des Käufers bzw. Verkäufers stellt der Unternehmenswert die Preisober- bzw. -untergrenze und somit einen Entscheidungswert dar. Die Werteinschätzungen hängen u.a. von den Zukunftserwartungen, den Kapitalkosten und der Besteuerung ab.

Der Preis bildet sich demgegenüber im Rahmen der Preisverhandlungen, wenn ein Verhandlungsspielraum besteht. Sofern ein entsprechender Markt für Unternehmen bzw. Unternehmensanteile besteht, bildet sich der Preis durch Angebot und Nachfrage.

---

[1] Vgl. *Wöhe/Döring*: Einführung in die Allgemeine Betriebswirtschaftslehre, S. 570.

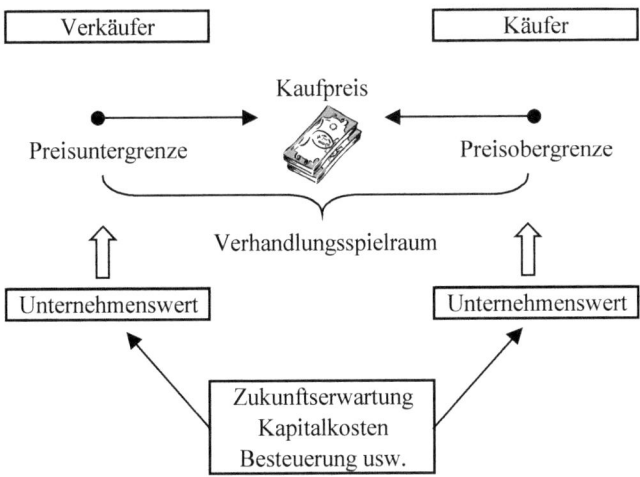

Abb. 2: Unternehmenswert und Preisbemessung

Im Zusammenhang mit Fusionen (§ 2 ff. UmwG) bzw. Übernahmen (§§ 319 ff. AktG) von Unternehmen dient die Bewertung insbesondere der Ermittlung des Tauschverhältnisses von Aktien.

Die Erbauseinandersetzung (§ 2042 BGB) dient der Auflösung der Erbengemeinschaft. In diesem Zusammenhang ist eine Unternehmensbewertung erforderlich, wenn ein Unternehmen zum Nachlass gehört.

Eine Enteignung darf nach Art. 14 GG nur auf der Basis eines Gesetzes erfolgen, das Art und Ausmaß der Entschädigung regelt. Dazu ist die Ermittlung des Wertes erforderlich. Ein wichtiger Sonderfall ist das Squeeze-out-Verfahren nach §§ 327a ff. AktG.

Im Falle einer Personengesellschaft kommt das Ausscheiden eines Gesellschafters z.B. aufgrund einer Kündigung, einer Insolvenz oder eines Beschlusses der Gesellschafter (§ 736 BGB, § 131 Abs. 3 HGB) in Betracht. In diesen Fall ist der ausscheidende Gesellschafter nach § 738 BGB abzufinden, was eine Unternehmensbewertung erforderlich macht.

Der Unternehmenswert ist von Bedeutung als Steuerbemessungsgrundlage z.B. im Rahmen der Erbschaftssteuer, wenn Unternehmen vererbt werden.

Im Fall einer Sanierungsentscheidung müssen Gesellschafter entscheiden, ob sie einer Kapitalgesellschaft weiteres Eigenkapital zur Verfügung stellen. Eine solche Entscheidung stellt eine Investitionsentscheidung dar, die eine Unternehmensbewertung erfordert. Gleiches gilt für die Zuführung von Fremdkapital.

Bei Ehescheidungen kann sich die Notwendigkeit der Unternehmensbewertung zur Ermittlung des Zugewinnausgleichs (§§ 1373 ff. BGB) ergeben, wenn einer der Ehegatten Unternehmensinhaber ist.

Schließlich muss bei Börsengängen eine Unternehmensbewertung vorgenommen werden, um einen Anhaltspunkt für die Festlegung des Emissionspreises zu liefern.

Eine weitere Unterscheidung der Bewertungsanlässe ist die zwischen unternehmerischer Initiative (z.b. Kauf/Verkauf, Börsengang), gesetzlichen Vorschriften (z.B. §§ 327a ff. AktG), vertraglichen Vereinbarungen (z.b. bei Gesellschafteraustritt nach § 738 BGB, bei Erbauseinandersetzungen nach § 2042 BGB) und Gründen der externen Rechnungslegung (z.b. Impairment Test gemäß IAS 36).[2]

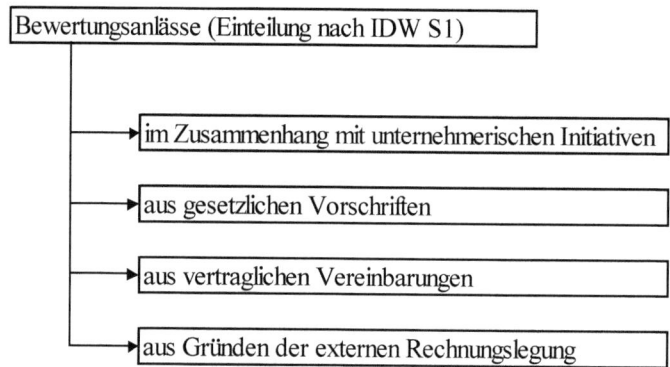

Abb. 3: Bewertungsanlässe nach IDW S1

Die Bewertung von Unternehmen hat vier[3] Funktionen:
• Beratungsfunktion
• Vermittlungsfunktion
• Argumentationsfunktion
• Steuerbemessungsfunktion.

---

[2] Vgl. IDW S1, Tz. 8 ff.
[3] Vgl. *Wöhe/Döring*: Einführung in die Allgemeine Betriebswirtschaftslehre, S. 571; IDW S1 Tz. 12 ff. unterscheidet hingegen drei Funktionen für den WP, die Funktion als neutraler Gutachter, als Berater und als Schiedsgutachter/Vermittler.

Bei der Beratungsfunktion wird für den Käufer bzw. Verkäufer der Wert ermittelt, bei der eine geplante Transaktion vorteilhaft ist. Der Unternehmenswert stellt somit die Basis für den Höchstpreis (Käufer) bzw. Mindestpreis (Verkäufer) dar.

Im Rahmen der Vermittlungsfunktion wird ein unparteiischer Schiedswert ermittelt. Dieser soll im Konfliktfall den Interessensgegensatz der beteiligten Parteien überbrücken.

Die Argumentationsfunktion dient dazu, für eine Partei Argumente zu liefern, die deren Verhandlungsposition stärkt. Zweck ist somit, entweder dem Käufer Argumente für einen niedrigstmöglichen, oder dem Verkäufer für einen höchstmöglichen Preis zu liefern.

Mit Hilfe der Steuerbemessungsfunktion sollen Anteile an Unternehmen insbesondere für erbschaftssteuerliche Zwecke bewertet werden.

1.2. Verfahrensübersicht

Da die verschiedenen Anlässe und Funktionen der Unternehmensbewertung unterschiedliche Zwecke verfolgen, richtet sich die jeweilige Bewertungsmethode nach dem jeweiligen Bewertungszweck. Die wesentlichen Verfahren sollen zunächst systematisiert werden.

Dabei lassen sich zwei „Grundphilosophien" unterscheiden: die Bewertung der Summe der einzelnen Vermögensgegenstände des Unternehmens oder die Bewertung des Unternehmens als Quelle zukünftiger Erträge. Die erste Variante führt zur Einzelbewertung, die zweite zur Gesamtbewertung.

Im Überblick lassen sich die nachfolgenden Verfahren zur Unternehmensbewertung unterscheiden:

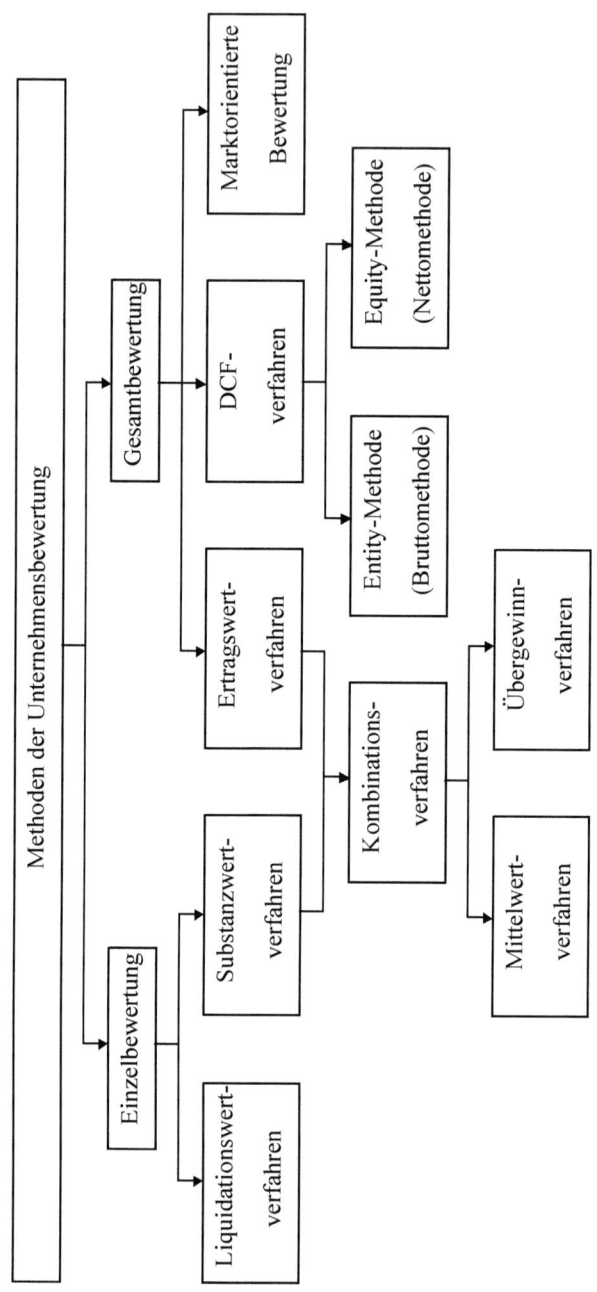

Abb. 4: Verfahrensübersicht

Einzelbewertungsverfahren bewerten die einzelnen Vermögensgegenstände des Unternehmens. Bei den Einzelbewertungsverfahren ist zwischen Liquidationswert- und Substanzwertverfahren zu unterscheiden. Ersteres geht von der Liquidation, letzteres von der Fortführung des Unternehmens aus.

Die Gesamtbewertungsverfahren versuchen, den Wert des Unternehmens als Ganzes zu ermitteln. Dazu wird entweder – bei den Ertragswert- und Discounted-Cash-Flow-Verfahren – der investitionstheoretische Ansatz der Bewertung zukünftiger Erträge oder – bei den marktorientierten Verfahren – der Gedanke des Preisbildungsmechanismus auf Märkten zugrunde gelegt.

Ertragswert- und Discounted-Cash-Flow-Verfahren legen als Unternehmenswert die diskontierten Erträge als Zukunftserfolgswert zugrunde. Dabei geht das Ertragswertverfahren von den Gewinnausschüttungen, die DCF-Verfahren von den Cash-Flows aus.

Marktorientierte Bewertungsverfahren leiten die Unternehmenswerte aus den Marktpreisen vergleichbarer, börsennotierter Unternehmen ab. Es lassen sich dabei zwei Grundansätze unterscheiden. Bei den Multiplikatormethoden wird eine bestimmte Kennzahl als Werttreiber des zu bewertenden Unternehmens mit einem aus Vergleichsunternehmen abgeleiteten Multiplikator multipliziert. Die Comparative Company Approach Methoden gehen von realisierten Kaufpreisen von vergleichbaren Unternehmen aus.

Kombinationsverfahren versuchen, Substanzwert und Ertragswert als wertbestimmende Faktoren eines Unternehmens gleichermaßen zu berücksichtigen.

1.3. Finanzwirtschaftliche Grundlagen

1.3.1. Kapitalwertmethode als investitionstheoretisches Konzept

Der Kauf eines Unternehmens oder von Unternehmensanteilen stellt letztlich eine Investitionsentscheidung dar. Somit sind die grundsätzlichen Ansätze der Investitionsrechnung auch auf die Bewertung von Unternehmen anzuwenden.

Die Methoden der Unternehmensbewertung, welche investitionstheoretisch fundiert sind, versuchen daher den Zukunftserfolgswert des Unternehmens zu ermitteln. Das anerkannte Grundmodell der Investitionsrechnung zur Ermittlung des Zukunftserfolgs ist die Ermittlung nach der Kapitalwertmethode.

Der Kapitalwertmethode liegt das finanzmathematische Konzept der Bewertung von zukünftigen Zahlungen unter Berücksichtigung der Kapitalverzinsung zugrunde. Insofern sollen die Grundzüge dieses Konzepts kurz dargestellt und die sich daraus ergebenden Berechnungsgrundlagen der Unternehmensbewertung betrachtet werden.

Um zeitlich auseinanderfallende Zahlungen unter Beachtung der Verzinsung vergleichbar zu machen, sind diese auf den gleichen Zeitpunkt auf- oder abzuzinsen (Diskontierung). Da im Rahmen einer Investitionsentscheidung i.d.R. auf den Zeitpunkt der Investition abgestellt wird, erfolgt eine Abzinsung mittels Abzinsungsfaktor.

Abzinsungsfaktor:

$$q^{-n} = (1+i)^{-n} = \frac{1}{q^n} = \frac{1}{(1+i)^n}$$

q ... Zinsfaktor
i ... Zinssatz
n ... Jahre

Soll der aktuelle Wert einer zukünftigen Zahlung (= Barwert) ermittelt werden, ist die Zahlung mit dem Abzinsungsfaktor zu multiplizieren.

Barwert einer Zahlung:

$$BW = E_t \cdot q^{-t} = \frac{E_t}{q^t}$$

BW ... Barwert
E ... Einzahlung
q ... Zinsfaktor
t ... Zeitpunkt der Einzahlung

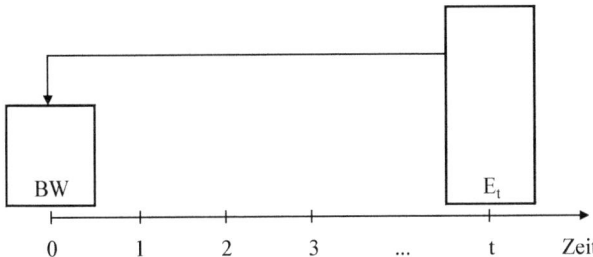

Abb. 5: Barwert

Beispiel:
Welcher heutigen Kaufkraft entsprechen 1.000 € in 10 Jahren, wenn eine Inflation von 3% zugrunde gelegt wird?

$$BW = 1.000\ € \times 1{,}03^{-10} = 744{,}09\ €$$

Eine typische Investition ist durch eine Anschaffungsauszahlung, eine aus Ein- und Auszahlungen bestehenden Zahlungsreihe und ggf. einem Liquidationserlös gekennzeichnet. Der Kapitalwert stellt die Barwertsumme der gesamten Zahlungsreihe der Investition dar.

Kapitalwert:

$$C_0 = -A_0 + \sum_{t=1}^{n} (E_t - A_t) \cdot q^{-t} + L_n \cdot q^{-n}$$

q ... Zinsfaktor (1 + i mit i = Kalkulationszinssatz)
A_0 ... Anschaffungsauszahlung
E_t ... Einzahlung zum Zeitpunkt t
A_t ... Auszahlung zum Zeitpunkt t
L_n ... Liquidationserlös

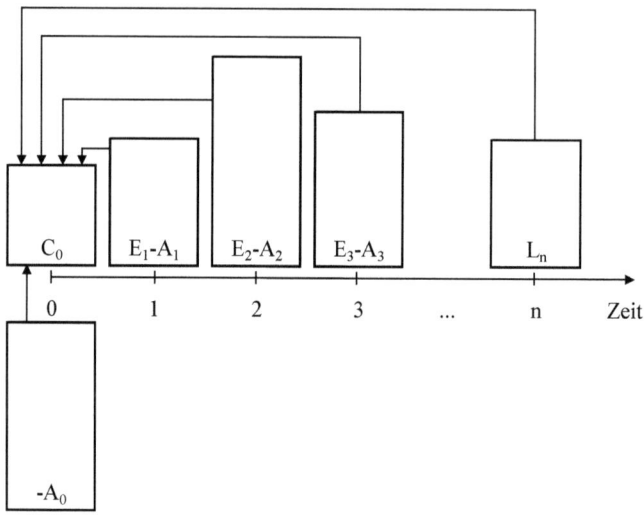

Abb. 6: Kapitalwert

Eine empfehlenswerte Investition ist durch einen positiven Kapitalwert gekennzeichnet. Ein positiver Kapitalwert bedeutet, dass die Investition sich unter Berücksichtigung der zugrunde gelegten Verzinsung vollständig amortisiert und darüber einen Überschuss in Höhe des Kapitalwertes erzielt.

Wendet man das Kapitalwertkriterium auf die Bewertung eines Unternehmens an, dann muss der Kapitalwert bei einer angestrebten zukünftigen Rendite in Höhe des angesetzten Zinssatzes genau Null werden, damit die Anschaffungsauszahlung gleich den Barwerten der Einzahlungsüberschüsse ist. Der Anschaffungsauszahlung des Investors entspricht dann der Unternehmenswert, den Einzahlungsüberschüssen die zukünftig zu erwartenden Zahlungen an den Investor. Als Unternehmenswert ist aus Sicht der Kapitalwertmethode somit die Barwertsumme der zukünftig zu erwartenden Einzahlungen des Unternehmers aus dem Unternehmen zu betrachten.

Barwert einer Zahlungsreihe (allgemein):

$$BW = \sum_{t=1}^{n} E_t \cdot q^{-t}$$

Beispiel:
Ein Investor, der eine gewerblich genutzte Immobilie kaufen und nach 5 Jahren wieder verkaufen will, geht davon aus, dass nach den 5 Jahren ein Liquidationserlös von 650.000 € erzielbar ist. Die erwarteten Mieteinnahmen und Ausgaben zum Betrieb und zur Erhaltung werden wie folgt prognostiziert:

Jahr	1	2	3	4	5
Einnahmen	65.000	70.000	75.000	80.000	87.500
Ausgaben	5.000	6.000	7.000	8.000	9.000

Wie hoch darf der Kaufpreis maximal sein, damit eine Mindestrendite von 10% erzielt wird?

t	Einzahlung	Auszahlung	Differenz	q^{-t}	Barwert
1	65.000	5.000	60.000	0,90909	54.545,45
2	70.000	6.000	64.000	0,82645	52.892,56
3	75.000	7.000	68.000	0,75131	51.089,41
4	80.000	8.000	72.000	0,68301	49.176,97
5	737.500	9.000	728.500	0,62092	452.341,18
					660.045,58

Bei der Ermittlung des Barwerts einer Zahlungsreihe können einige Sonderfälle vorkommen, die für die Unternehmensbewertung relevant sind. Werden über einen endlichen Zeitraum gleichbleibende Zahlungen erwartet (= Rente), kann der Barwert vereinfacht über den Rentenbarwertfaktor ermittelt werden.

Rentenbarwertfaktor:

$$\text{RBF} = \frac{q^n - 1}{q^n \cdot i} = \frac{(1+i)^n - 1}{(1+i)^n \cdot i}$$

Der Barwert der Rente ergibt sich dann als Produkt aus Zahlung und Rentenbarwertfaktor.

Barwert einer gleichbleibenden Zahlungsreihe (Rente):

$$\text{BW} = E \cdot \frac{q^n - 1}{q^n \cdot i} = E \cdot \text{RBF}$$

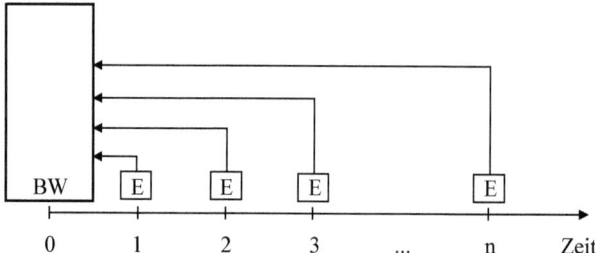

Abb. 7: Barwert einer Rente

Beispiel:
Ein Investor, der eine gewerblich genutzte Immobilie kaufen und nach 5 Jahren wieder verkaufen will, geht davon aus, dass nach den 5 Jahren ein Liquidationserlös von 650.000 € erzielbar ist. Es werden Überschüsse aus den Jahresmieteinnahmen in Höhe von 65.000 € prognostiziert.

Wie hoch darf der Kaufpreis maximal sein, damit eine Mindestrendite von 10% erzielt wird?

$$BW = E \cdot \frac{q^n - 1}{q^n \cdot i} + L_n \cdot q^{-n} = 65.000\,€ \cdot \frac{1,1^5 - 1}{1,1^5 \cdot 0,1} + 650.000\,€ \cdot 1,1^{-5} = 650.000\,€$$

Neben der endlichen Rente kommt als Sonderfall, der auch in der Unternehmensbewertung relevant ist, die „ewige" Rente in Betracht. Um diese zu berechnen, ist der Grenzwert des Rentenbarwertfaktors für n gegen unendlich zugrunde zu legen:

$$\lim_{n \to \infty} \left(\frac{q^n - 1}{q^n \cdot i} \right) = \frac{1}{i}$$

Daraus folgt der Barwert der ewigen Rente.

Barwert einer ewigen Rente:
$$BW = \frac{E}{i}$$

Beispiel:
Der Käufer der Immobilie geht von dauerhaft erzielbaren Überschüsse aus den Jahresmieteinnahmen in Höhe von 65.000 € aus. Welcher maximale Kaufpreis ergibt eine Rendite von 10%?

$$BW = \frac{65.000 \,€}{0,1} = 650.000 \,€$$

Schließlich ist noch der Fall bedeutsam, dass bei einer Rentenzahlung die Ertragsreihe mit einem konstanten Wachstumsfaktor wächst. Bezeichnet man die Wachstumsrate mit w, so ergibt sich für das Jahr 1:

$$E_1 = E_0 \cdot (1 + w).$$

Damit ergibt sich für die jeweiligen Erträge der Folgejahre:

$$E_t = E_{t-1} \cdot (1 + w) = E_1 \cdot (1 + w)^{t-1}.$$

Für den Barwert erhält man mit $n \to \infty$:

Barwert einer ewigen Rente mit Wachstumsrate:

$$BW = \frac{E_1}{i - w}$$

w   ...   Wachstumsrate

Beispiel:
Wie hoch darf der Kaufpreis der Immobilie für eine Rendite von 10% maximal sein, wenn der erzielbare Überschuss aus den Jahresmieteinnahmen in Höhe von 65.000 € voraussichtlich um 2% jährlich wächst?

$$BW = \frac{65.000 \,€ \cdot 1,02}{0,1 - 0,02} = 828.750 \,€$$

Die verschiedenen dargestellten Varianten der Berechnung der Barwerte werden zum Zweck der Unternehmensbewertung häufig zu Phasenmodellen kombiniert. In der Phase 1 erfolgt die Detailplanung der Ertragsüberschüsse (Jahr 1 bis T), danach wird von einer ewigen Rente ausgegangen. Je nachdem, ob die ewige Rente konstant ist oder wächst, ergibt sich aus den bisherigen Überlegungen folgende Berechnung:

Barwert einer endlichen Zahlungsreihe (Phase 1) und einer ewigen Rente (Phase 2):

$$BW = \sum_{t=1}^{T} E_t \cdot q^{-t} + \frac{E_{T+1}}{i} \cdot q^{-T}$$

Barwert einer endlichen Zahlungsreihe (Phase 1) und einer ewigen Rente mit Wachstumsrate (Phase 2):

$$BW = \sum_{t=1}^{T} E_t \cdot q^{-t} + \frac{E_{T+1}}{i - w} \cdot q^{-T}$$

Beispiel:
Der Käufer der Immobilie prognostiziert für die ersten 4 Jahre Überschüsse aus den Jahresmieteinnahmen in Höhe von 50.000 € im Jahr 1, 45.000 € im Jahr 2, 55.000 € im Jahr 3 und 60.000 € im Jahr 4.
Wie hoch darf für eine Mindestrendite von 10% der Kaufpreis maximal sein, wenn

a) ab dem 5. Jahr konstante Überschüsse aus den Jahresmieteinnahmen i.H.v. 65.000 €
b) im 5. Jahr Überschüsse aus den Jahresmieteinnahmen i.H.v. 65.000 €, die danach um 1% jährlich steigen, erzielt werden?

a)
$$BW = 50.000\,€ \cdot 1{,}1^{-1} + 45.000\,€ \cdot 1{,}1^{-2} + 55.000\,€ \cdot 1{,}1^{-3} + 60.000\,€ \cdot 1{,}1^{-4} + \frac{65.000\,€}{0{,}1} \cdot 1{,}1^{-4}$$

$$BW = 608.906{,}50\,€$$

b)
$$BW = 50.000\,€ \cdot 1{,}1^{-1} + 45.000\,€ \cdot 1{,}1^{-2} + 55.000\,€ \cdot 1{,}1^{-3} + 60.000\,€ \cdot 1{,}1^{-4} + \frac{65.000\,€}{0{,}1 - 0{,}01} \cdot 1{,}1^{-4}$$

$$BW = 658.235{,}25\,€$$

1.3.2. Ermittlung der Kapitalkostensätze

Bei den hauptsächlich angewandten Methoden der Unternehmensbewertung, die vom Zukunftserfolgswert ausgehen, spielt die Höhe des Kalkulationszinssatzes eine sehr große Rolle. Dies macht folgendes **Beispiel** deutlich:

Der Barwert einer ewigen Rente i.h.v. 100.000 € jährlich soll bei einem Kalkulationszinssatz von 10% bzw. 5% ermittelt werden.

$$BW_{10\%} = \frac{100.000\ €}{0,1} = 1.000.000\ €$$

$$BW_{5\%} = \frac{100.000\ €}{0,05} = 2.000.000\ €$$

Somit stellt sich die Frage, welche Zinssätze zugrunde zu legen sind. Üblicherweise wird in diesem Zusammenhang allerdings nicht von Zinssätzen, sondern von Kapitalkosten (oder Renditen) gesprochen. Dies ist sachgerecht, da Zinsen letztlich ein Entgelt für die Überlassung vom Kapital sind, also aus Sicht des Unternehmens Kapitalkosten.

Zu berücksichtigen ist weiterhin, dass sich ein Unternehmen meist aus Eigen- und Fremdkapital finanziert. Somit ist zwischen Fremdkapitalkosten, Eigenkapitalkosten und Gesamtkapitalkosten zu differenzieren. Je nach Verfahren werden die Eigen- oder die Gesamtkapitalkosten für die Diskontierungsfaktoren herangezogen. Um die Gesamtkapitalkosten zu ermitteln, müssen sowohl die Fremd- als auch die Eigenkapitalkosten bekannt sein.

Für die Ermittlung der Fremdkapitalkosten kommen zwei wesentliche Varianten in Betracht. Zum einen können die Fremdkapitalkosten als tatsächliche, durchschnittliche Verzinsung des in Anspruch genommenen verzinslichen Fremdkapitals ermittelt werden. Dazu sind die Zinsaufwendungen durch das verzinsliche Fremdkapital zu dividieren.

Fremdkapitalkosten:

$$i_{FK} = \frac{Zinsen}{FK}$$

i_{FK} ... Fremdkapitalkosten (vor Steuern)
FK ... Fremdkapital (verzinst)

Beispiel:

Die TEC GmbH hat laut Bilanz 950.000 € Fremdkapital und laut GuV 38.000 € Zinsaufwendungen.

$$i_{FK} = \frac{38.000 \, \text{€}}{950.000 \, \text{€}} = 0,040 = 4,00\%$$

Der Nachteil dieser Methode besteht vor allem darin, dass die zum Bewertungsstichtag vereinbarten Fremdkapitalzinsen nicht unbedingt den aktuellen Fremdkapitalkosten entsprechen müssen.

Als alternative Variante besteht die Möglichkeit, marktübliche Fremdkapitalzinsen zu ermitteln. Diese bestehen aus zwei Komponenten: dem risikolosen Basiszins und einem unternehmensspezifischen Risikozuschlag („corporate bond spread").

Fremdkapitalkosten:

$$i_{FK} = r_B + cbs$$

r_B ...   risikoloser Basiszins
cbs   ...   corporate bond spread

Als risikoloser Basiszins[4] wird von der landesüblichen Rendite langfristiger Staatanleihen erstklassiger Bonität ausgegangen. Dazu kann auf die von der Deutschen Bundesbank[5] veröffentlichte Umlaufrendite festverzinslicher Staatsanleihen zurückgegriffen werden.

Der Risikozuschlag („Spread") ist vor allem abhängig von der Bonität des Schuldners. Für Unternehmen mit einem Rating kann auf die durchschnittlichen Umlaufrenditen der Anleihen von Unternehmen mit gleichem Rating zurückgegriffen werden. Die Differenz zum risikolosen Basiszins ist der corporate bond spread. Dieser hängt erheblich vom Rating ab.

---

[4] Für steuerliche Zwecke wird der Basiszins gemäß § 203 Abs. 2 BewG vom BMF jährlich festgesetzt, für 2014 beträgt er 2,59%, für 2015 0,99%.
[5] www.bundesbank.de

Die Eigenkapitalkosten setzen sich ebenfalls aus dem risikolosen Basiszins und einem unternehmensspezifischen Risikozuschlag zusammen.

Dieser Risikozuschlag wird entweder geschätzt oder auf Basis kapitalmarktorientierter Modelle berechnet. Dabei wird i.d.R. auf das capital asset pricing model (CAPM) zurückgegriffen.

Zum Verständnis sollen die Grundzüge des CAPM zur Ermittlung der Rendite des Marktportfolios kurz dargestellt werden.

Ausgangspunkt ist die Portfolio-Theorie von HARRY MARKOWITZ.[6] Die Grundidee sei an einem vereinfachten **Beispiel** verdeutlicht, welches sich auf komplexere Fälle übertragen lässt.

Ein Investor will eine bestimmte Geldsumme anlegen. Dafür stehen die Aktien zweier Unternehmen A und B zur Verfügung. Diese sind durch den Erwartungswert der Rendite (μ) und die Varianz (σ), welche ein Maß für das Risiko darstellt, gekennzeichnet.

Der Investor entscheidet nach dem μ-σ-Prinzip, d.h. er bevorzugt bei gleichem Erwartungswert die Investition mit dem geringeren Risiko.

Die beiden Wertpapiere haben im Normalfall unterschiedliche Erwartungswerte und Varianzen, im Marktgleichgewicht ist ein hoher Erwartungswert i.d.R. mit hoher Varianz verbunden, ein niedriger Erwartungswert mit niedriger Varianz.

Sofern die beiden Aktien nicht vollständig positiv korreliert sind (d.h. Korrelationskoeffizient = +1), ergibt ein Portfolio, in dem die beiden Wertpapiere gemischt werden, keine lineare Beziehung der μ-σ-Werte der einzelnen Wertpapiere. Vielmehr ergibt sich folgendes Bild für ein aus den beiden Wertpapieren A und B kombiniertes Portfolio:

---

[6] *Markowitz* wurde 1990 für seine Theorie der Portfolio-Auswahl mit dem Nobelpreis für Ökonomie ausgezeichnet.

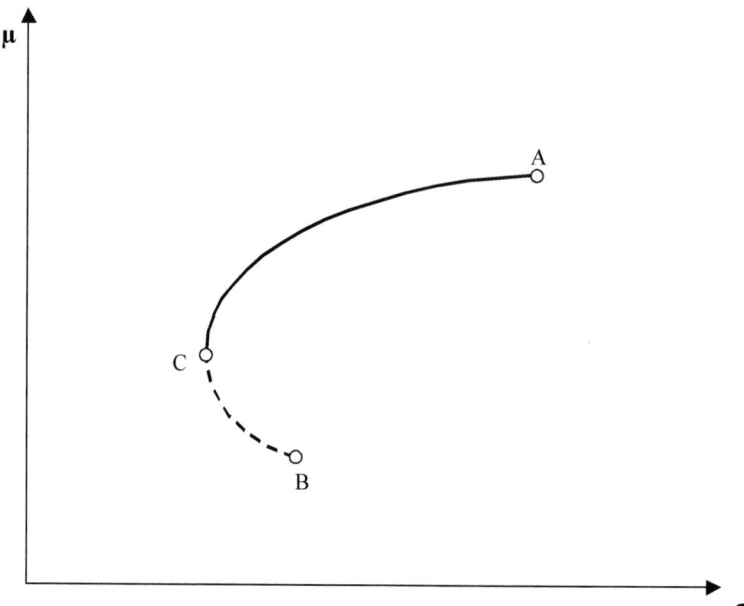

Abb. 8: Portfolio aus zwei Wertpapieren

Eine Kombination aus den Wertpapieren A und B würde also immer auf der Linie AB liegen.

Das Effizienzkriterium ist nun bezüglich des μ-σ-Prinzips für jede Kombination von A und B erfüllt, für die es keine andere Kombination gibt, die

• die bei gleichem μ ein geringeres σ oder
• bei gleichem bzw. geringerem σ ein höheres μ hat.

Die auf der Linie AC liegenden Portfolios sind effizient, diese Linie wird daher als Effizienzlinie bezeichnet.

Bei einem Portfolio von mehr als 2 risikobehafteten Wertpapieren ergibt sich bei den möglichen Kombinationen im σ-μ-Diagramm eine Fläche, deren Rand die Effizienzlinie ergibt.

Besteht nun für den Investor zusätzlich die Möglichkeit, in ein risikoloses Wertpapier (d.h. $\sigma = 0$) mit der Rendite r_B zu investieren, kann er in Abhängigkeit von seiner Risikobereitschaft entweder ausschließlich in das risikolose Papier, ausschließlich in ein effizientes Portfolio aus A und B oder in eine Mischung aus beiden investieren.

Eine solche Mischung ergibt eine Gerade zwischen r_B und der Effizienzlinie des Portfolios aus A und B. Effizient sind diese Mischungen jedoch nur, wenn die Effizienzlinie tangiert wird.

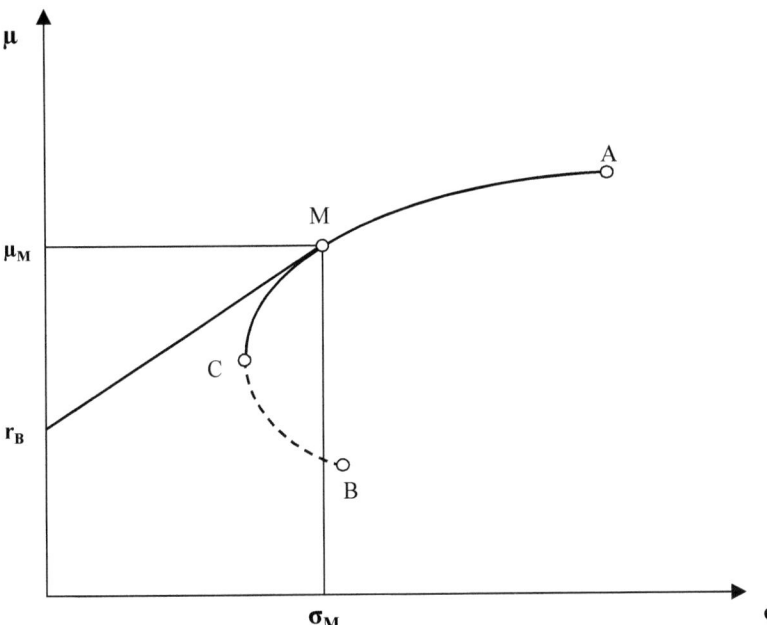

Abb. 9: Kapitalmarktlinie und Marktportfolio

Die Strecke $r_B M$ ist die Kapitalmarktlinie. Das Marktportfolio M spiegelt in seiner Zusammensetzung den Kapitalmarkt im Gleichgewicht wieder. Die Differenz $\mu_M - r_B$ ist die Risikoprämie für die Übernahme eines Risikos in Höhe von σ_M.

Das unternehmensspezifische Risiko wird über den Beta-Faktor dargestellt, welcher als Quotient aus Kovarianz der Rendite des Unternehmens r_U mit der Rendite des Marktportfolios r_M und der Varianz der Rendite des Marktportfolios berechnet wird.

$$\beta = \frac{\text{Cov} (r_U, r_M)}{\text{Var} (r_M)}$$

r_U ...   Rendite des Unternehmens
r_M ...   Rendite des Marktportfolios

Das Marktportfolio entspricht einem $\beta = 1$, eine risikolose Anlage einem $\beta = 0$.

Dabei ist zu beachten, dass der Verschuldungsgrad Einfluss auf den Beta-Faktor hat. Das Gesamtrisiko setzt sich aus dem Geschäftsrisiko und dem Kapitalstrukturrisiko zusammen. Bei einer höheren Verschuldung erhöht sich das Risiko um das Kapitalstrukturrisiko aufgrund des Leverage-Effekts. Das Beta des unverschuldeten Unternehmens („unlevered Beta") beinhaltet demgegenüber nur das Geschäftsrisiko. Es gilt folgender Zusammenhang:

$$\beta_V = \beta_U \cdot \left[1 + \frac{FK}{EK} \cdot (1 - s) \right]$$

β_V ...   Beta-Faktor verschuldet
β_U ...   Beta-Faktor unverschuldet
FK   ...   Fremdkapital
EK   ...   Eigenkapital
s   ...   Unternehmenssteuersatz

Für börsennotierte Aktien werden die Beta-Faktoren regelmäßig berechnet und veröffentlicht. Bei nichtbörsennotierten Unternehmen kann i.d.R. nur auf Durchschnittswerte der Branche zurückgegriffen werden.

Wird das Beta bei nichtbörsennotierten Unternehmen aus Branchendurchschnittswerten ermittelt, ist der Durchschnitt aus den Werten, die auf unverschuldete Unternehmen umgerechnet wurden zu ermitteln und dann auf Basis des individuellen Verschuldungsgrades auf das Unternehmens-Beta umzurechnen.[7]

---

[7] Abbildung nach *Ernst/Schneider/Thielen*: Unternehmensbewertungen erstellen und verstehen, S. 66.

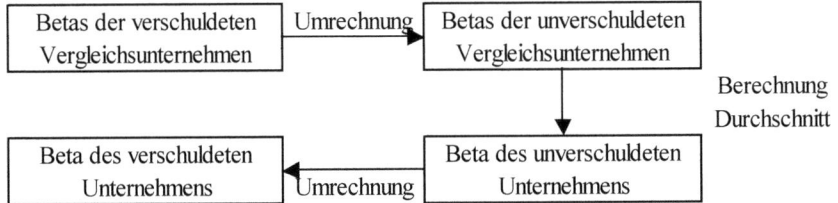

Abb. 10: Ermittlung des Bata-Faktors

Die Eigenkapitalkosten werden dann aus dem risikolosen Basiszins, der Rendite des Marktportfolios und dem Beta-Faktor des Unternehmens berechnet.

Eigenkapitalkosten (CAPM):

$$i_{EK,V} = r_B + (r_M - r_B) \cdot \beta_V$$

$i_{EK,V}$ ... Eigenkapitalkosten des verschuldeten Unternehmens
r_B ... risikoloser Basiszins
r_M ... Rendite des Marktportfolios
β_V ... Beta-Faktor verschuldet

Für den risikolosen Basiszins gelten die bereits angestellten Überlegungen zu den Fremdkapitalkosten.

Die Differenz $r_M - r_B$ ist die Marktrisikoprämie.[8] Sie stellt den Renditevorteil eines marktkonformen Aktienportfolios gegenüber den Renditeerwartungen risikoloser Staatsanleihen dar, mit dem das höhere Risiko abgegolten wird. Die Rendite des Marktportfolios ist die erzielbare Rendite eines optimal diversifizierten Portfolios aller Aktien unter der Annahme eines idealen Kapitalmarktes. In der Bewertungspraxis werden meist Werte um 8% zugrunde gelegt.

Der Beta-Faktor repräsentiert das unternehmensspezifische Risiko im Verhältnis zum Marktportfolio. So bedeutet z.b. $\beta = 0,9$ ein gegenüber dem Marktportfolio um 10% geringeres, $\beta = 1,1$ ein um 10% höheres Risiko.

---

[8] Für steuerliche Zwecke beträgt die Risikoprämie gemäß § 203 Abs. 2 BewG 4,5%.

Beispiel:

Der risikolose Zinssatz beträgt 3,00%, die Rendite des Marktportfolios 7,65% und der Beta-Faktor verschuldet der TEC GmbH 1,0. Damit errechnen sich die Eigenkapitalkosten:

$$i_{EK,V} = 3,00\% + (7,65\% - 3,00\%) \cdot 1,00 = 7,65\%$$

Ein Unternehmen finanziert sich in der Realität sowohl aus Eigen-, als auch aus Fremdkapital. Sollen beide Teile berücksichtigt werden, ist ein Gesamtkapital-kostensatz zu ermitteln.

Zur Ermittlung der Gesamtkapitalkosten wird üblicherweise auf gewichtete Kapitalkosten nach dem WACC-Ansatz (weighted average cost of capital) zurückgegriffen. Dabei wird ein gewichteter Mittelwert aus Eigen- und Fremdkapitalkosten berechnet. Um den steuerlichen Vorteil des Fremdkapitals gegenüber dem Eigenkapital zu berücksichtigen – Fremdkapitalzinsen sind abzugsfähige Betriebsausgaben – werden die Fremdkapitalkosten nach Steuern berücksichtigt.

Gesamtkapitalkosten (WACC):

$$i_{WACC} = i_{EK,V} \cdot \frac{EK}{GK} + i_{FK} \cdot \frac{FK}{GK} \cdot (1 - s)$$

i_{WACC}...	Gesamtkapitalkosten (WACC)
$i_{EK,V}$ ...	Eigenkapitalkosten des verschuldeten Unternehmens
i_{FK} ...	Fremdkapitalkosten (vor Steuern)
FK ...	Fremdkapital
EK ...	Eigenkapital
GK ...	Gesamtkapital
s ...	Unternehmenssteuersatz

Beispiel:

Die Fremdkapitalkosten der TEC GmbH (v.St.) betragen 4,00%, die Eigenkapitalkosten 7,65%. Die TEC GmbH hat laut Bilanz 1.000.000 € Eigen- und 950.000 € Fremdkapital. Ausgehend vom Körperschaftsteuersatz von 15%, dem Solidaritätszuschlag von 5,5% der Körperschaftsteuer, der Gewerbesteuermess-zahl 3,5% und einem angenommenen Hebesatz von 400% beträgt der Unternehmenssteuersatz 29,825%, gerundet 30%.

$$i_{WACC} = 7,65\% \cdot \frac{1.000.000}{1.950.000} + 4,00\% \cdot \frac{950.000}{1.950.000} \cdot (1 - 0,3) = 5,29\%$$

1.3.3. Berücksichtigung von Steuern

Bei der Berücksichtigung der Steuern ist zwischen der Besteuerung des Unternehmens und den persönlichen Steuern der Anteilseigner zu unterscheiden. Die Unternehmenssteuern, insbesondere Körperschaftsteuer und Solidaritätszuschlag sowie Gewerbesteuer sind in jedem Fall zu berücksichtigen, um den steuerlichen Vorteil des Fremdkapitals gegenüber dem Eigenkapital zu berücksichtigen.[9]

Bezüglich der persönlichen Steuern der Anteilseigner kommen zwei Varianten[10] in Betracht:

• die mittelbare Typisierung, bei der auf den Ansatz der persönlichen Steuern verzichtet wird, da diese auch bei einer Alternativanlage anfallen würden und somit als nicht entscheidungsrelevant anzusehen sind
• die unmittelbare Typisierung, bei der die persönlichen Steuern berücksichtigt werden.

Wird die unmittelbare Typisierung angewandt, so ist zu Beachten, dass zum einen die Ertragsüberschüsse nach Steuern zugrunde zu legen sind, zum anderen aber auch die Kapitalkostensätze zu korrigieren sind.

Die Einbeziehung von persönlichen Steuern soll nachfolgend kurz thematisiert werden. Dabei wird von der Prämisse ausgegangen, dass eine inländische Kapitalgesellschaft aus Sicht einer inländischen natürlichen Person als Anteilseigner zu bewerten ist. Die Zahlungen der Kapitalgesellschaft an den Anteilseiger wie Zinsen und Dividenden werden seit dem 1.1.2009 beim Anteilseigner mit einer einheitlichen Abgeltungsteuer belastet. Der relevante Steuersatz beträgt 25% zuzüglich Solidaritätszuschlag, somit 26,375%. Der zu berücksichtigende Faktor für die Abgeltungsteuer ist somit $s_{AB} = 0,26375$. Damit ergibt sich für den Zinssatz nach Steuern:

$$i^{nSt} = i \cdot (1 - s_{AB}).$$

Wird für die Ermittlung des relevanten Zinssatzes das CAPM herangezogen

$$i_{EK,V} = r_B + (r_M - r_B) \cdot \beta_V$$

so ist zu beachten, dass sowohl der risikofreie Basiszins als auch die Marktrendite um die Besteuerung zu reduzieren ist.

---

[9] Vgl. Pkt. 1.3.2.
[10] Vgl. IDW S1, Tz. 30, 31 und Tz. 43 ff.

Im Fall unterstellter Vollausschüttung ergibt sich somit die

Berechnung der Nachsteuer- Eigenkapitalkosten

$$i_{EK,V}^{nSt} = r_B \cdot (1 - s_{AB}) + (r_M - r_B) \cdot (1 - s_{AB}) \cdot \beta_V$$
$$= [r_B + (r_M - r_B) \cdot \beta_V] \cdot (1 - s_{AB}) = i_{EK,V} \cdot (1 - s_{AB})$$

Für die TEC GmbH im betrachteten **Beispiel** ergäbe sich unter den genannten Prämissen somit folgende Rechnung für die Eigenkapitalkosten:

$$i_{EK,V}^{nSt} = 7,65\% \cdot (1 - 0,26375) = 5,63\%$$

Die bewertungsrelevanten Ausschüttungen sind ebenfalls um die Abgeltungssteuer zu kürzen.

Das erweiterte Konzept des Tax-CAPM geht nicht von einer Vollausschüttung aus. Damit wird die Rendite des Marktportfolios in eine Dividendenrendite (r_D) und eine Kursgewinnrendite (r_K) aufgeteilt. Geht man von einer Haltedauer der Alternativanlage von mehr als 1 Jahr aus, verringert sich die Effektivsteuer auf die Kursgewinnrendite entsprechend. Ein effektiver Steuersatz in Höhe der Hälfte der Abgeltungssteuer wird i.d.R. als realistisch angesehen ($s_{eff} = 0,131875$).

Der **Zinssatz nach Steuern nach dem Tax-CAPM** berechnet sich folgendermaßen:

$$i_{EK,V}^{nSt} = r_B \cdot (1 - s_{AB}) + [r_M - r_D \cdot s_{AB} - r_K \cdot s_{eff} - r_B \cdot (1 - s_{AB})] \cdot \beta_V$$

Angenommen sei, dass bei der zugrunde gelegten Marktrendite von 7,65% jeweils die Hälfte auf Dividenden- und Kursgewinnrendite entfällt. Damit ist für das **Beispiel** der TEC GmbH zu rechnen:

$$i_{EK,V}^{nSt} = 3,0\% \cdot (1 - s_{AB}) + [7,65\% - 3,825\% \cdot s_{AB} - 3,825\% \cdot s_{eff} - 3,0\% \cdot (1 - s_{AB})] \cdot 1,0$$
$$i_{EK,V}^{nSt} = 6,14\%$$

Für die bewertungsrelevanten Gewinne n.St. ist aus Konsistenzgründen ebenfalls von einer hälftigen Ausschüttung auszugehen. Der relevante Steuersatz ergibt sich dann als Mittelwert aus s_{AB} und s_{eff} zu 0,1978125.

1.4. Jahresabschluss

Der Jahresabschluss stellt die Informationsbasis für die Bewertung von Unternehmen dar. Insofern ist eine Unternehmensbewertung ohne grundlegende Kenntnisse des Informationsgehalts insbesondere von Bilanz und Gewinn- und Verlustrechung nicht denkbar.

Nach § 242 Abs. 1 HGB ist jeder Kaufmann verpflichtet, zu Beginn seines Handelsgewerbes eine Eröffnungsbilanz und für jedes Ende des Geschäftsjahrs eine Schlussbilanz aufzustellen, welche auf dem Inventar (§ 240 HGB) beruhen. Zum Jahresabschluss gehört weiterhin die Gewinn- und Verlustrechnung (§ 242 Abs. 2 HGB) sowie bei Kapitalgesellschaften der Anhang und der Lagebericht (§ 264 Abs. 1 HGB).

In der Bilanz werden das Vermögen (Aktiva) und das Kapital (Passiva) gegenübergestellt. Dabei handelt es sich um die zwei Seiten einer Medaille: die Mittelverwendung und die Mittelherkunft. Aktiva werden nach der Liquidierbarkeit gegliedert. Die Vermögensgegenstände, welche dem Geschäftsbetrieb langfristig dienen, gehören zum Anlagevermögen. Nur kurzfristig dem Unternehmen dienende Gegenstände gehören zum Umlaufvermögen. Das Kapital ist nach Eigen- und Fremdkapital zu trennen. Die Unterteilung erfolgt nach der Fristigkeit.

Nach § 247 HGB sind in der Bilanz
• das Anlagevermögen,
• das Umlaufvermögen,
• das Eigenkapital,
• die Verbindlichkeiten und
• die Rechnungsabgrenzungsposten getrennt auszuweisen.

Damit ergibt sich folgende Grundstruktur:

Aktiva (=Vermögen)	Bilanz	Passiva (=Kapital)
Anlagevermögen		Eigenkapital
Umlaufvermögen		Fremdkapital
Akt. Rechnungsabgrenzungsposten		Pass. Rechnungsabgrenzungsposten

Mittelverwendung   *Mittelherkunft*

Abb. 11: Grundstruktur der Bilanz

Für Kapitalgesellschaften ist die Gliederung der Bilanz in § 266 HGB geregelt.

Für die Aktivseite sind nach § 266 Abs. 2 HGB insbesondere folgende Hauptpositionen vorgesehen:

Aktiva	Passiva
A. Anlagevermögen I. Immaterielle Vermögensgegenstände II. Sachanlagen III. Finanzanlagen	Eigenkapital
B. Umlaufvermögen I. Vorräte II. Forderungen III. Wertpapiere IV. Liquide Mittel C. Rechnungsabgrenzungsposten	Fremdkapital

Abb. 12: Gliederung der Aktivseite

Immaterielle Vermögensgegenstände sind gewerbliche Schutzrechte, Konzessionen, Lizenzen sowie ein Geschäfts- oder Firmenwert.

Zu den Sachanlagen gehören Grundstücke und Gebäude, Technische Anlagen und Maschinen sowie die Betriebs- und Geschäftsausstattung.

Finanzanlagen umfassen Beteiligungen, langfristig gehaltene Wertpapiere und langfristige Ausleihungen.

Das Vorratsvermögen beinhaltet Roh-, Hilfs- und Betriebsstoffe sowie unfertige und fertige Erzeugnisse und Waren.

Zu den Forderungen gehören neben Forderungen aus Lieferungen und Leistungen solche aus Beteiligungsverhältnissen bzw. sonstigen Gründen.

Wertpapiere des Umlaufvermögens werden nur kurzfristig im Unternehmensvermögen gehalten.

Liquide Mittel umfassen Kassenbestände und Bankguthaben sowie Schecks.

Aktive Rechnungsabgrenzungsposten entstehen, wenn Zahlungen im alten Jahr erst im neuen Jahr zu Aufwand führen (§ 250 Abs. 1 HGB).

Beispiel: Ein Unternehmen zahlt im September die KFZ-Versicherung für den Fuhrpark i.h.v. 12.000 €.
Davon sind 4.000 € als Aufwand zu erfassen, da sie das laufende Geschäftsjahr betreffen. Die restlichen 8.000 € betreffen das Folgejahr und sind in den aktiven Rechnungsabgrenzungsposten einzustellen.

Für die Passivseite werden durch § 266 Abs. 3 HGB insbesondere folgende Positionen geregelt:

Aktiva	Passiva
	A. Eigenkapital
	I. Gezeichnetes Kapital
Anlagevermögen	II. Kapitalrücklage
	III. Gewinnrücklagen
	IV. Gewinnvortrag/Verlustvortrag
	V. Jahresüberschuss/Jahresfehlbetrag
	B. Rückstellungen
Umlaufvermögen	C. Verbindlichkeiten
Rechnungsabgrenzungsposten	D. Rechnungsabgrenzungsposten

Abb. 13: Gliederung der Passivseite

Das gezeichnete Kapital umfasst den Nennwert der Einlagen der Gesellschafter, also das Grundkapital der Aktiengesellschaft bzw. das Stammkapital der GmbH.

Eine Kapitalrücklage wird gebildet, wenn eine Aktiengesellschaft bei der Gründung Aktien über Nennwert ausgibt.

Gewinnrücklagen umfassen gesetzliche Rücklagen, Rücklagen für eigene Anteile, satzungsgemäße Rücklagen und andere Gewinnrücklagen.

Ein Gewinnvortrag entsteht, wenn der Gewinn von Vorperioden weder ausgeschüttet noch in Rücklagen eingestellt wurde. Entsprechend sind Verlustvorträge nicht abgedeckte Verluste aus Vorjahren.

Der Jahresüberschuss bzw. Jahresfehlbetrag wird in der Gewinn- und Verlustrechnung ermittelt. Er ist auszuweisen, wenn über die Gewinnverwendung noch nicht entschieden ist. Soweit bereits über die Ergebnisverwendung entschieden ist, ist ein nach Rücklageneinstellungen oder -auflösungen bzw. Gewinn- oder Verlustvorträgen verbleibender Betrag als Bilanzgewinn/Bilanzverlust auszuweisen (§ 268 Abs. 1 HGB).

Rückstellungen sind zu bilden, wenn durch eine im laufenden Geschäftsjahr liegende Ursache Zahlungsverpflichtungen in der Zukunft entstehen, deren Eintritt, Höhe oder Fälligkeit noch nicht feststehen. Nach § 249 Abs. 1 HGB sind Rückstellungen zu bilden für:

• ungewisse Verbindlichkeiten
• drohende Verluste aus schwebenden Geschäften
• unterlassene Instandhaltungen bei Nachholung binnen 3 Monaten
• unterlassene Abraumbeseitigung bei Nachholung im folgenden Geschäftsjahr
• Gewährleistungen ohne rechtliche Verpflichtung

Verbindlichkeiten umfassen Zahlungsverpflichtungen, deren Höhe und Fälligkeit feststehen, z.B. aus Anleihen, Verbindlichkeiten gegenüber Kreditinstituten oder aus Lieferungen und Leistungen.

Ein passiver Rechnungsabgrenzungsposten ist zu bilden, wenn eine erhaltene Zahlung im alten Jahr erst im Folgejahr zu Erträgen führt (§ 250 Abs. 2 HGB).

Beispiel: Ein Unternehmen hat ein Gebäude vermietet. Die Miete für Dezember, Januar und Februar i.H.v. 3.000 € wird im Dezember gezahlt.
Die auf Dezember entfallenden 1.000 € sind als Ertrag zu erfassen, die restlichen 2.000 € als passiver Rechnungsabgrenzungsposten.

Die Gewinn- und Verlustrechnung (§ 242 Abs. 2 HGB, Gliederung § 275 HGB) stellt Aufwand und Ertrag gegenüber, um den Gewinn oder Verlust des Geschäftsjahres zu ermitteln. Sie ist in Staffelform nach dem Gesamtkostenverfahren oder dem Umsatzkostenverfahren aufzustellen. Es ergibt sich folgende (vereinfachte) Grundstruktur:

Gesamtkostenverfahren   Umsatzkostenverfahren

Gesamtkostenverfahren	Umsatzkostenverfahren
Umsatzerlöse	Umsatzerlöse
± Bestandsveränderungen	– Herstellungskosten des Umsatzes
+ Aktivierte Eigenleistungen	= Bruttoergebnis vom Umsatz
+ sonstige betriebliche Erträge	– Vertriebskosten
– Materialaufwand	– allgemeine Verwaltungskosten
– Personalaufwand	+ sonstige betriebliche Erträge
– Abschreibungen	

    – sonstige betriebliche Aufwendungen
    (= Betriebsergebnis)
    + Erträge aus Beteiligungen, Wertpapieren, Zinsen
    – Abschreibungen auf Beteiligungen, Wertpapiere d. UV
    – Zinsen u.ä. Aufwendungen
    = Ergebnis der gewöhnlichen Geschäftätigkeit
    + außerordentliche Erträge
    – außerordentliche Aufwendungen
    – Steuern
    = Jahresüberschuss/Jahresfehlbetrag

Abb. 14: Gliederung der Gewinn- und Verlustrechnung

Die Umsatzerlöse resultieren aus dem Verkauf der Produkte des Unternehmens bzw. der sonstigen betriebstypischen Leistungsverwertung. Zu berücksichtigen sind die Nettoerlöse ohne Umsatzsteuer und Erlösschmälerungen.

Beim Gesamtkostenverfahren sind Bestandserhöhungen an fertigen/unfertigen Erzeugnissen sowie evtl. aktivierte Eigenleistungen und sonstige betriebliche Erträge hinzuzurechnen, Bestandsminderungen die Aufwendungen für Material, Personal und Abschreibungen sowie sonstige betriebliche Aufwendungen mindern das Ergebnis.

Zur Ergebnisermittlung beim Umsatzkostenverfahren sind zunächst die Herstellungskosten des Umsatzes abzuziehen. Diese umfassen Materialeinzel- und Gemeinkosten, Fertigungseinzel- und Gemeinkosten sowie die herstellungsbedingten Abschreibungen. Angemessene Teile der Verwaltungsgemeinkosten, anteilige Aufwendungen für soziale Leistungen und Fremdkapitalzinsen, die für die Finanzierung eines konkreten Vermögensgegenstandes der Fertigung anfallen, dürfen berücksichtigt werden.

Vom so berechneten Bruttoergebnis sind zunächst die Vertriebs- und die allgemeinen Verwaltungskosten abzuziehen, sonstige betriebliche Erträge hinzuzurechnen und sonstige betriebliche Aufwendungen abzuziehen.

Das so erhaltene Betriebsergebnis ist um das Finanzergebnis zu korrigieren, um das Ergebnis der gewöhnliches Geschäftstätigkeit zu erhalten. Dieses ist um ein evtl. außerordentliches Ergebnis zu korrigieren und um die betrieblichen Steuern zu vermindern. Diese umfassen neben Ertragssteuern (Körperschaftssteuer und Gewerbesteuer) sonstige Steuern wie z.B. Grundsteuer oder KFZ-Steuer.

2. Einzelbewertungsverfahren

2.1. Grundlagen

Die Einzelbewertungsverfahren ermitteln den Unternehmenswert, indem die Summe der Werte aller Vermögensgegenstände um die Schulden vermindert wird. Dazu sind die individuellen Werte aller Vermögensgegenstände und Schulden zu ermitteln und aufzusummieren.

Bei einer Einzelbewertung kann von zwei Szenarien ausgegangen werden: der Fortführung des Unternehmens oder der Liquidation des Unternehmens. Die erste Variante führt zum Substanzwert, die zweite zum Liquidationswert.

2.2. Substanzwertverfahren

Das Substanzwertverfahren geht von der Unternehmensfortführung als Bewertungsprämisse aus (going concern Prinzip). Dabei wird der Gedanke zugrunde gelegt, dass möglich ist, ein Unternehmen „nachzubauen" und die dafür anfallenden Wiederbeschaffungswerte als Reproduktionswert anzusetzen.

Da dem Substanzwert die Idee des Unternehmensnachbaus zugrunde liegt, sind die zu bewertenden betriebsnotwendigen Vermögensgegenstände grundsätzlich zu Wiederbeschaffungspreisen anzusetzen. Die nicht betriebsnotwendigen Vermögensgegenstände würden bei einem „Nachbau" des Unternehmens nicht wiederbeschafft und könnten demnach ohne Einschränkung der Fortführungsprämisse veräußert werden. Demnach wird bei der Bewertung des nicht betriebsnotwendigen Vermögens der Veräußerungspreis (= Liquidationswert) zugrunde gelegt.

Bei der Abgrenzung zwischen betriebsnotwendigen und nicht betriebsnotwendigen Vermögensgegenständen ist vom zukünftig geplanten Unternehmenszweck auszugehen. Damit ergibt sich folgendes Berechnungsschema:

Substanzwert:

$UW_{SW} = W_{BV} + L_{NBV} - FK$

UW_{SW} ... Substanzwert des Unternehmens

W_{BV} ... Wiederbeschaffungswert des betriebsnotwendigen Vermögens

L_{NBV} ... Liquidationswert des nicht betriebsnotwendigen Vermögens

FK ... Fremdkapital

Werden bei der Ermittlung des Substanzwertes nur die objektiv bewertbaren Vermögensgegenstände, d.h. im Normalfall die bilanzierungsfähigen Vermögensgegenstände, berücksichtigt, spricht man vom „Teilreproduktionswert".

Werden zusätzlich nicht objektiv bewertbare, geschäftswertbildende immaterielle Vermögensgegenstände mit einbezogen, wird der „Vollreproduktionswert" ermittelt.

Beispiel:

Die TEC GmbH hat folgende Handelsbilanz (Gliederung gemäß § 266 HGB) aufgestellt:

Aktiva		Passiva	
A. Anlagevermögen		**A. Eigenkapital**	
I. Immaterielle Vermögensgegenstände		I. Gezeichnetes Kapital	1.000.000
Patent	30.000		
II. Sachanlagen		**B. Rückstellungen**	
1. Grundstücke und Bauten	315.000	1. Pensionsrückstellungen	294.000
2. Maschinen	97.500	2. Sonstige Rückstellungen	21.000
3. Betriebs- und Geschäftsausstattung	30.000	**C. Verbindlichkeiten**	
III. Finanzanlagen		1. Verbindlichkeiten	
Beteiligung	108.000	gegenüber Kreditinstituten	333.500
		2. Verbindlichkeiten aus L+L	301.500
B. Umlaufvermögen			
I. Vorräte			
Roh-, Hilfs- und Betriebsstoffe	618.000		
II. Forderungen			
Forderungen aus L+L	592.500		
III. Kassenbestand, Guthaben bei Kreditinstituten	159.000		
	1.950.000		1.950.000

Es soll der Unternehmenswert nach dem Substanzwertverfahren ermittelt werden, wenn zusätzlich folgende Informationen bekannt sind:

- neben dem aktivierten Patent hat das Unternehmen ein selbsterstelltes, nicht aktiviertes Patent mit einem Marktwert von 25.000 €
- die bebauten Grundstücke haben einen Marktwert von 450.000 €
- der Marktwert der betriebsnotwendigen Maschinen beträgt 150.000 €; eine nicht mehr benötigte Maschine (Marktwert 12.500 €) könnte für 10.000 € veräußert werden
- bei der Betriebs- und Geschäftsausstattung wird von stillen Reserven i.H.v. 20.000 € ausgegangen
- bei den übrigen Vermögensgegenständen und den Schulden entsprechen die Bilanzansätze den Marktwerten
- von den Roh-, Hilfs- und Betriebsstoffe sind 75% betriebsnotwendig, der Überbestand ist nicht betriebsnotwendig und kann mit einem Abschlag von 20% veräußert werden

Damit sind folgende Werte für das betriebsnotwendige Vermögen zugrunde zu legen:

- für die immateriellen Vermögensgegenstände die Summe aus dem aktivierten und dem selbsterstellten Patent: 30.000 € + 25.000 € = 55.000 €
- Grundstücke und betriebsnotwendige Maschinen: Marktwerte i.H.v. 450.000 € bzw. 150.000 €
- BGA: Bilanzwert zuzüglich stiller Reserven: 30.000 € + 20.000 € = 50.000 €
- Beteiligung, Forderungen und Geldmittel: Bilanzansätze
- Roh-, Hilfs- und Betriebsstoffe: 75% von 618.000 € = 463.500 €

Als Liquidationswerte sind anzusetzen:

- der erwartete Veräußerungserlös der nicht betriebsnotwendigen Maschine i.H.v. 10.000 €
- der erwartete Veräußerungserlös der nicht betriebsnotwendigen Roh-, Hilfs- und Betriebsstoffe i.H.v. 80% · 25% · 618.000 € = 123.600 €

Beim Fremdkapital ist der Bilanzansatz i.H.v. 950.000 € anzusetzen.

Damit ergibt sich folgende Berechnung für den Substanzwert:

Wiederbeschaffungswert des betriebsnotwendigen Vermögens

Immaterielle Vermögensgegenstände	55.000
Grundstücke	450.000
Maschinen	150.000
BGA	50.000
Beteiligung	108.000
Vorräte	463.500
Forderungen	592.500
Geldmittel	159.000

+ Liquidationswert des nicht betriebsnotwendigen Vermögens

Maschine	10.000
RHB	123.600
− Fremdkapital	950.000
= Substanzwert	1.211.600

Das Substanzwertverfahren hat erhebliche Nachteile. Bei der Ermittlung des Teilreproduktionswertes ist zwar eine objektive Ermittlung möglich, es wird aber nicht berücksichtigt, dass auch nicht objektiv bewertbare immaterielle Werte (z.B. Kundenstamm, Lieferantenbeziehungen, Humankapital usw.) einen erheblichen Anteil am Gesamtwert haben können.

Die Ermittlung des Vollreproduktionswertes scheitert i.d.R. daran, dass eine objektive Berechnung des Geschäfts- und Firmenwerts nicht möglich ist. Der Hauptkritikpunkt ist aber, dass nur die Gegenwart, nicht aber die zukünftige Ertragskraft bewertet wird. Daher kommt dem Substanzwertverfahren keine eigenständige Bedeutung zu.[11]

---

[11] Vgl. IDW S1, Tz. 171.

2.3. Liquidationswertverfahren

Im Gegensatz zum Substanzwertverfahren geht das Liquidationswertverfahren nicht von der Unternehmensfortführung (going concern Prinzip), sondern von der Auflösung des Unternehmens aus.

Damit ist das gesamte Unternehmensvermögen zu Veräußerungspreisen (= Liquidationswert) zu bewerten. Vom Liquidationswert der Vermögensgegenstände sind die Schulden zum Rückzahlungsbetrag und die Liquidationskosten abzuziehen, um den Unternehmenswert zu erhalten.

Liquidationswert:

$UW_{LW} = L_V - FK - K_L$

UW_{LW} ... Liquidationswert des Unternehmens

L_V ... Liquidationswert der Vermögensgegenstände

FK ... Fremdkapital

K_L ... Liquidationskosten

Beispiel:

Für die TEC GmbH (Bilanz s.o.) soll der Liquidationswert ermittelt werden, wenn zusätzlich zu den beim Substanzwertverfahren zugrunde gelegten Werten folgende Daten bekannt sind:

- bei den immateriellen Vermögensgegenständen ist ein Veräußerungserlös von 50% des Marktwertes zu erwarten
- Maschinen, Betriebs- und Geschäftsausstattung und Vorräte können mit einem Abschlag von 20% vom Marktwert veräußert werden
- beim Einzug der offenen Forderungen ist von 5% Ausfall auszugehen
- die bebauten Grundstücke und die Beteiligung können zum Marktwert veräußert werden
- bei der Rückzahlung der Bankkredite ist von einer Vorfälligkeitsentschädigung i.H.v. 5% der Kreditsumme auszugehen
- die Kosten der Liquidation werden in Höhe von 25.000 € erwartet

Damit sind folgende Werte zugrunde zu legen:

- immaterielle Vermögensgegenstände: 55.000 € · 50% = 27.500 €
- Maschinen: (150.000 € + 12.500 €) · 80% = 130.000 €
- BGA: 50.000 € · 80% = 40.000 €
- Vorräte: 618.000 € · 80% = 494.400 €
- Forderungen: 592.500 € · 95% = 562.875 €
- Geldmittel: Bilanzansatz
- Fremdkapital: Bilanzansatz zuzüglich Vorfälligkeitsentschädigung für das Bankdarlehen: 950.000 € + 333.500 € · 5% = 966.675 €

Damit ergibt sich folgende Berechnung für den Liquidationswert:

Liquidationswert der Vermögensgegenstände	
Immaterielle Vermögensgegenstände	27.500
Grundstücke	450.000
Maschinen	130.000
BGA	40.000
Beteiligung	108.000
Vorräte	494.400
Forderungen	562.875
Geldmittel	159.000
− Fremdkapital	966.675
− Liquidationskosten	25.000
= Liquidationswert	980.100

Der Liquidationswert ist von Bedeutung, wenn von einer Zerschlagung des Unternehmens auszugehen ist. Weiterhin kann er im Vergleich zu Fortführungswerten als Entscheidungsgrundlage für die Fortführung oder Einstellung des Geschäftsbetriebs in Sanierungsfällen verwendet werden.

Ist der Fortführungswert niedriger als der Liquidationswert, dann ist aus ökonomischer Sicht die Einstellung des Geschäftsbetriebs der Fortführung vorzuziehen. I.d.R. stellt der Liquidationswert die Wertuntergrenze eines Unternehmens dar.

3. Gesamtbewertungsverfahren

3.1. Ertragswertverfahren

Das Ertragswertverfahren legt – wie alle Gesamtbewertungsverfahren – der Bewertung eines Unternehmens nicht den Wert der einzelnen Vermögenskomponenten zugrunde, sondern die diskontierten zukünftig erwarteten Gewinnausschüttungen. Es basiert also auf dem Zukunftserfolgsprinzip. Die Berechnung erfolgt somit investitionstheoretisch fundiert auf dem Kapitalwert der zukünftigen Ertragsüberschüsse.

Als zukünftige Ertragsüberschüsse werden beim Ertragswertverfahren die an die Unternehmenseigner auszuschüttenden Gewinne betrachtet. Die Basis hierfür ist i.d.R. der Jahresüberschuss vermindert um eventuelle Gewinnthesaurierungen. Eine Minderung des Jahresüberschusses um Thesaurierungen ist in Abhängigkeit von rechtlichen Restriktionen und dem Unternehmenskonzept vorzunehmen. Eventuelle nicht betriebsnotwendige Vermögensgegenstände sind mit dem Liquidationswert anzusetzen.

Um das Ertragswertverfahren anzuwenden, müssen die zukünftig zu erwartenden Gewinne prognostiziert werden, d.h. es sind Plan-Gewinn- und Verlustrechnungen zu erstellen. Dabei ist zu beachten, dass i.d.R. nur für eine begrenzte Zeit verlässliche Planungen erstellt werden können. Aus diesem Grund erfolgt die Planung i.d.R. in einem Zweiphasenmodell:

• Phase 1: Detailplanung

Für einen Zeitraum von 3 bis 5 Jahren wird eine detaillierte Planung vorgenommen. Dabei ist normalerweise von unterschiedlich hohen Ertragsüberschüssen in den einzelnen Jahren auszugehen.

• Phase 2: i.d.R. Fortschreibung der Detailplanung des letzten Detailplanungsjahres

Im Normalfall der angenommenen unendliche Lebensdauer wird von einer ewigen Rente ausgegangen („Terminal Value"), entweder mit konstant bleibenden Ertragsüberschüssen oder mit einer konstanten Wachstumsrate.

Bei der Planung der Erfolgsrechnung ist zunächst von den Jahresabschlüssen i.d.R. der letzten 3 Jahre auszugehen. Diese sind zunächst um außerordentliche Erträge und Aufwendungen zu korrigieren. Eventuelle bilanzpolitisch motivierte Ansätze sind zu korrigieren.

Ausgehend von den bereinigten Jahresabschüssen ist dann die Detailplanung für die Phase 1 vorzunehmen. Dabei ist zweckmäßigerweise mit der Absatzplanung zu beginnen. Maßgebliche Indikatoren für die zu erwartenden Umsätze sind neben der Entwicklung in der Vergangenheit das Marktumfeld (z.b. Konkurrenz, Nachfrageentwicklung, gesamtwirtschaftliche Entwicklung) und die betrieblichen Verhältnisse (z.b. vorhandene Kapazitäten). Alle übrigen Erträge sind dahingehend zu untersuchen, ob sie einmalig oder außerordentlich und damit in der Planung zu vernachlässigen sind.

Auf Basis der Umsatzplanung werden Produktion und Erträge geplant. Die Produktionsplanung bestimmt die Personal-, Beschaffungs- und Investitionsplanung, diese wiederum die Aufwandsplanung.

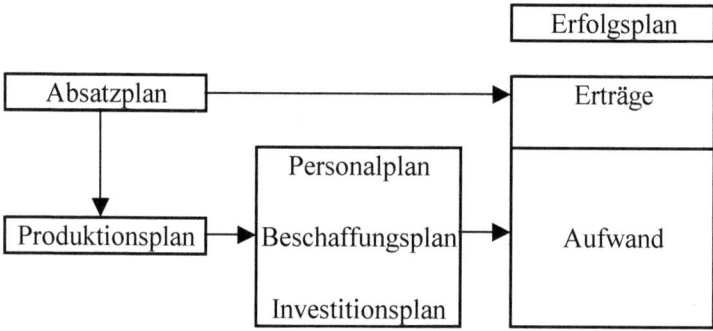

Abb. 15: Planung

Materialaufwand bzw. bezogene Leistungen stehen normalerweise in einem in etwa proportionalen Zusammenhang zu den Umsätzen.

Die Personalaufwendungen sind teilweise umsatzabhängig (z.B. Fertigungslöhne), teilweise umsatzunabhängig (z.B. Gehälter).

Die Abschreibungen können bei unveränderter Kapazität als fix betrachtet werden, wird eine Kapazitätserweiterung vorgenommen steigen auch die Abschreibungen. Die sonstigen betrieblichen Aufwendungen stellen eine Sammelposition dar, die zum überwiegenden Teil fix ist.

Bei den Zinsaufwendungen muss geprüft werden, ob das zukünftige Fremdkapital gegenüber der Vergangenheit Veränderungen unterliegt oder ob mit Zinsanpassungen zu rechnen ist. Außerordentliche Aufwendungen sind zu vernachlässigen.

Beispiel:

Für die TEC GmbH liegen die folgenden Gewinn- und Verlustrechnungen des aktuellen und der letzten 2 Jahre vor:

Nr.	Posten	Jahr -2 €	Jahr -1 €	Jahr 0 €
1.	Umsatzerlöse	1.081.731	1.125.000	1.192.500
2.	sonstige betriebliche Erträge	65.000	60.000	67.000
3.	Aufwendungen für Roh-, Hilfs- und Betriebsstoffe	387.790	403.302	427.500
4.	Löhne und Gehälter	228.041	233.298	241.500
5.	Soziale Abgaben	94.899	97.087	100.500
6.	Abschreibungen auf Sachanlagen	20.000	21.000	21.000
7.	sonstige betriebliche Aufwendungen	213.383	215.773	219.500
8.	Erträge aus Beteiligung	7.750	7.850	7.985
9.	Zinsen und ähnliche Aufwendungen	37.000	36.500	38.000
10.	Ergebnis der gewöhnlichen Geschäftstätigkeit	173.368	185.890	219.485
11.	außerordentliche Erträge	5.000	0	0
12.	außerordentliche Aufwendungen	0	3.500	0
13.	außerordentliches Ergebnis	5.000	-3.500	0
14.	Steuern vom Einkommen und vom Ertrag	53.510	54.717	65.846
15.	Jahresüberschuss	124.858	127.673	153.639

Als erstes werden die bisherigen Umsatzentwicklungen analysiert. Vom Jahr -2 zum Jahr -1 ergibt sich als Umsatzzuwachs (in %):

$$\frac{1.125.000\,€ - 1.081.731\,€}{1.081.731\,€} \cdot 100 = 4\%$$

Der Umsatzzuwachs von Jahr -1 zu Jahr 0 beträgt:

$$\frac{1.192.500\,€ - 1.125.000\,€}{1.125.000\,€} \cdot 100 = 6\%$$

Daraus ergibt sich ein mittleres Umsatzwachstum der letzten 2 Jahre von 5%.

Bei den sonstigen betrieblichen Erträgen kann vereinfacht von einer annähernden Konstanz ausgegangen werden.

Die These, dass sich die Roh-, Hilfs- und Betriebsstoffaufwendungen proportional zu der Umsatzentwicklung verhält, lässt sich einfach überprüfen:

387.790 € · 104% = 403.302 €

403.302 € · 106% = 427.500 €

Bei den Löhnen und Gehältern ist eine Aufteilung in den fixen und den variablen Anteil vorzunehmen. Dabei kann folgendes Modell zugrunde gelegt werden:

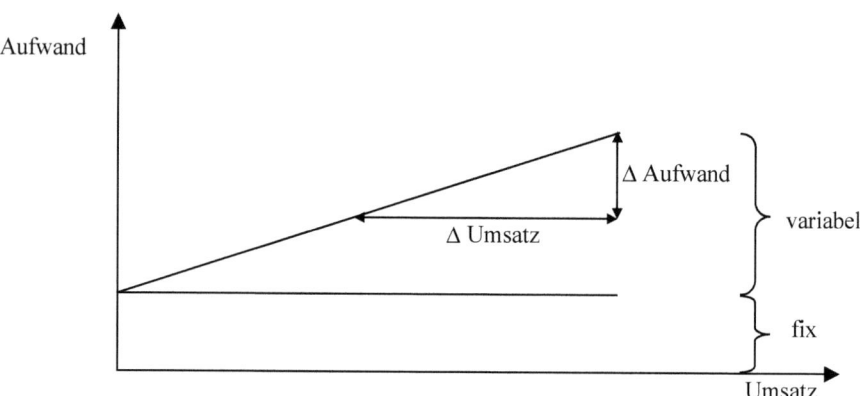

Abb. 16: Aufteilung des Aufwands in fixe und variable Anteile

Damit lässt sich der prozentuale Anteil der Personalaufwendungen, die variabel sind, auf Basis der letzten beiden Jahre wie folgt berechnen:

$$\frac{\frac{241.500\,€ - 233.298\,€}{1.192.500\,€ - 1.125.000\,€} \cdot 1.192.500\,€}{241.500\,€} \cdot 100 = 60\%,$$

d.h. 60% der Personalaufwendungen (bezogen auf das Jahr 0) sind variabel, 40% fix.

Analysiert man auf die gleiche Weise die Sozialabgaben und die sonstigen Aufwendungen, ergibt sich bei ersteren ebenfalls ein variabler Anteil von 60% und ein fixer Anteil von 40%, bei letzteren ein variabler Anteil von 30% und ein fixer Anteil von 70%.

Ausgehend von der Analyse der Daten der Gewinn- und Verlustrechnungen den sonstigen Planungsannahmen wird nunmehr von folgenden Prämissen für die Planung ausgegangen:

- Das bisherige Umsatzwachstum von durchschnittlich 5% p.a. wird für die Detailplanungsphase von 5 Jahren fortgeschrieben, ab dem Jahr 6 wird mit konstant bleibenden Ertragsüberschüssen des Jahres 5 weitergerechnet.
- Bei den sonstigen betrieblichen Erträgen, den Zinsaufwendungen und -erträgen wird der auf 100 € aufgerundete Wert des Jahres 0 fortgeschrieben.
- Um dem geplanten Umsatzwachstum Rechnung zu tragen, ist im Jahr 2 eine Erweiterungsinvestition zu tätigen. Zu diesem Zweck werden 25.000 € vom Gewinn im Jahr 1 einbehalten. Die Abschreibungen erhöhen sich dann ab dem Jahr 2 auf 25.000 €.
- Das Verhältnis zwischen Umsatz und den Aufwendungen für RHB bleibt konstant.
- Von den Personalaufwendungen (Löhne/Gehälter, Sozialabgaben) sind 60% umsatzabhängig und 40% fix
- Die sonstigen betrieblichen Aufwendungen sind zu 30% umsatzabhängig und zu 70% fix.
- Der Unternehmenssteuersatz beträgt 30%.

Daraus ergeben sich folgende Plan-GuV der Jahre 1 bis 5:

Nr.	Posten	Jahr 1 €	Jahr 2 €	Jahr 3 €	Jahr 4 €	Jahr 5 €
1.	Umsatzerlöse	1.252.125	1.314.731	1.380.468	1.449.491	1.521.966
2.	sonstige betriebliche Erträge	67.000	67.000	67.000	67.000	67.000
3.	Aufwendungen für Roh-, Hilfs- und Betriebsst.	448.875	471.319	494.885	519.629	545.611
4.	Löhne und Gehälter	248.745	256.352	264.340	272.727	281.533
5.	Soziale Abgaben	103.515	106.681	110.005	113.495	117.160
6.	Abschreibungen auf Sachanlagen	21.000	25.000	25.000	25.000	25.000
7.	sonstige betriebliche Aufwendungen	222.793	226.250	229.880	233.691	237.693
8.	Erträge aus Beteiligung	8.000	8.000	8.000	8.000	8.000
9.	Zinsen und ähnliche Aufwendungen	38.000	38.000	38.000	38.000	38.000
10.	Ergebnis der gewöhnlichen Geschäftstätigkeit	244.197	266.129	293.358	321.949	351.969
11.	Steuern vom Einkommen und vom Ertrag	73.259	79.839	88.007	96.585	105.591
12.	Jahresüberschuss	170.938	186.290	205.351	225.364	246.378

Auf Basis der sich aus der Planung ergebenden Ertragsüberschüssen kann dann die Berechnung des Unternehmenswerts vorgenommen werden.

Die Berechnung des Unternehmenswerts im Zweiphasenmodell, indem der Barwert der Überschüsse der Detailplanungsphase, der Barwert der ewigen Rente und ein eventueller Liquidationswert nichtbetriebsnotwendigen Vermögens addiert werden.

Ertragswertverfahren

$$UW_{EW} = \sum_{t=1}^{T} E\ddot{U}_t \cdot (1+i_{EK,V})^{-t} + \frac{E\ddot{U}_{T+1}}{i_{EK,V} - w} \cdot (1+i_{EK,V})^{-T} + L_{NBV}$$

UW_{EW} ... Unternehmenswert nach dem Ertragswertverfahren

$E\ddot{U}$ ... Ertragsüberschüsse

t ... Jahre

T ... Detailplanungszeitraum

$i_{EK,V}$ ... Eigenkapitalkosten des verschuldeten Unternehmens

w ... Wachstumsrate

L_{NBV} ... Liquidationswert des nicht betriebsnotwendigen Vermögens

In einigen Fällen vereinfacht sich die angegebene Berechnung. Bei nicht vorhandenem nichtbetriebsnotwendigem Vermögen entfällt der letzte Summand.

Wird in Phase 2 von konstanten Ertragsüberschüssen ausgegangen, wird die Wachstumsrate $w = 0$.

Bei einer endlichen Lebensdauer entfällt der mittlere Summand komplett.

Die grundsätzliche Vorgehensweise beim Ertragswertverfahren zeigt die folgende Abbildung:[12]

---

[12] Abbildung in Anlehnung an *Behringer:* Unternehmensbewertung der Mittel- und Kleinbetriebe, S. 144.

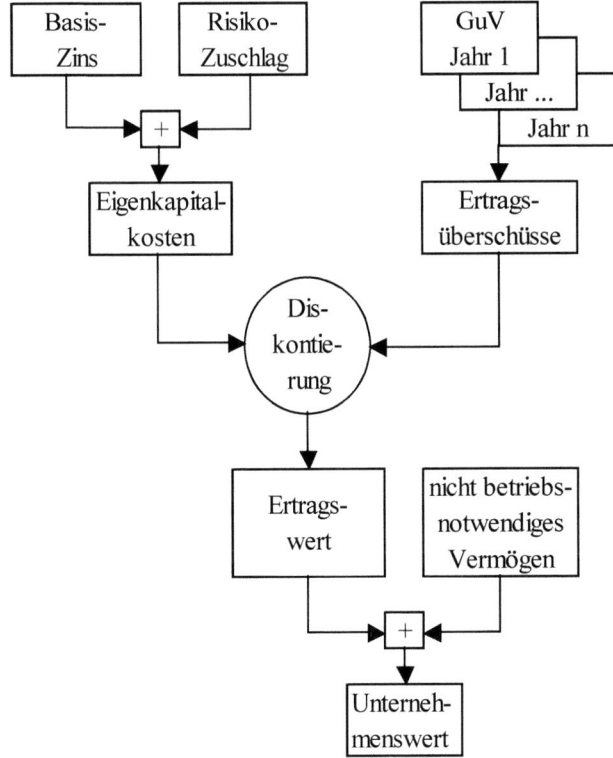

Abb. 17: Ertragswertverfahren

Beispiel:

Der Unternehmenswert der TEC GmbH soll nun nach dem Ertragswertverfahren berechnet werden. Dabei ist auf die Plan-GuV der Jahre 1 bis 5 zurückzugreifen. Die Jahresüberschüsse werden dabei als ausschüttungsfähige Gewinne betrachtet. Zu beachten ist, dass im Jahr 1 eine Gewinnthesaurierung von 25.000 € vorgenommen wird. Zugrunde gelegt wird der Eigenkapitalkostensatz von 7,65%.[13] Das nicht betriebsnotwendige Vermögen wird mit 133.600 € angesetzt.[14]

$$UW_{EW} = 145.938 \, € \cdot 1,0765^{-1} + 186.290 \, € \cdot 1,0765^{-2} + 205.351 \, € \cdot 1,0765^{-3} +$$

$$225.364 \, € \cdot 1,0765^{-4} + 246.378 \cdot 1,0765^{-5} + \frac{246.378 \, €}{0,0765} \cdot 1,0765^{-5} + 133.600 \, €$$

$$UW_{EW} = 3.160.538 \, €$$

---

[13] Vgl. Pkt. 1.3.2.
[14] Vgl. Pkt. 2.2.

Alternativ kann die Berechnung in 3 Schritten erfolgen:

Barwert Phase 1:

t	Gewinn	q^{-t}	Barwert
1	145.938	0,92894	135.567
2	186.290	0,86292	160.754
3	205.351	0,80160	164.609
4	225.364	0,74464	167.814
5	246.378	0,69172	170.424
			799.168

Barwert des Terminal Value:

$$BW_{TV} = \frac{246.378\,€}{0,0765} \cdot 1,0765^{-5} = 2.227.770 \; €$$

Unternehmenswert:

$$UW_{EW} = BW_{1-5} + BW_{TV} + L_{NBV} = 3.160.538 \; €$$

3.2. Discounted Cash Flow-Verfahren

3.2.1. Überblick

Die verschiedenen Discounted Cash Flow-Verfahren (kurz: DCF-Verfahren) kommen ursprünglich aus der angelsächsischen Bewertungspraxis, erfreuen sich zunehmend jedoch auch in der deutschen Bewertungspraxis zunehmender Beliebtheit. Dafür gibt es mehrere Gründe. Ein Grund ist die zunehmende Internationalisierung von Unternehmen. Ein weiterer Grund ist darin zu sehen, dass die Bewertung auf Basis von Cash Flows weniger durch bilanzpolitische Maßnahmen verzerrt ist und somit ein verlässlicheres Bild der Ertragskraft des Unternehmens darstellt. Schließlich wird nunmehr vom IDW die Gleichrangigkeit von Ertragswert- und DCF-Verfahren bei der Unternehmensbewertung durch Wirtschaftsprüfer anerkannt.[15]

Das Grundprinzip aller DCF-Verfahren besteht darin, dass die diskontierten zukünftigen Cash-Flows aufsummiert werden. Es basiert also, wie das Ertragswertverfahren, auf dem Zukunftserfolgsprinzip. Die Berechnung erfolgt investitionstheoretisch fundiert auf dem Kapitalwert der zukünftigen Zahlungsströme.

Der Cash Flow drückt die Fähigkeit eines Unternehmens aus, eigenerwirtschaftete Mittel zu reinvestieren, Schulden zu tilgen und Dividenden zu zahlen, ohne auf Mittel von Dritten angewiesen zu sein. Die Berechnung des Cash Flow allgemein kann entweder direkt erfolgen, indem die Differenz aus zahlungswirksamen Erträgen und zahlungswirksamen Aufwendungen gebildet wird. Die direkte Ermittlung erfolgt also nach folgendem Schema:

> Ertragseinzahlungen
> − Aufwandsauszahlungen
> = Cash-flow

Da die zur Ermittlung benötigten Daten normalerweise den Jahresabschlüssen entnommen werden, wird der Cash Flow meist indirekt berechnet. Dazu werden dem Jahresüberschuss nicht auszahlungswirksame Aufwendungen hinzugerechnet und nicht einzahlungswirksame Erträge abgezogen. Die vereinfachte Berechnung erfolgt nach folgendem Schema:

> Jahresüberschuss nach Steuern
> + Abschreibungen des Anlagevermögens
> + Einstellungen in langfristige Rückstellungen
> = Cash-flow

---

[15] Vgl. IDW S1, Tz. 101.

Bei den DCF-Verfahren werden verschiedene Ansätze unterschieden. Zunächst ist zwischen Equity-Methode (Nettomethode) und Entity-Methode (Bruttomethode) zu unterscheiden. Während bei der Nettomethode der Unternehmenswert direkt aus dem Cash Flow an die Eigenkapitalgeber ermittelt wird, werden bei der Bruttomethode zunächst der gesamte an Eigen- und Fremdkapitalgeber fließende Cash Flow diskontiert. Der Unternehmenswert ergibt sich dann, indem vom Wert des Gesamtkapitals der Wert des Fremdkapitals abgezogen wird.

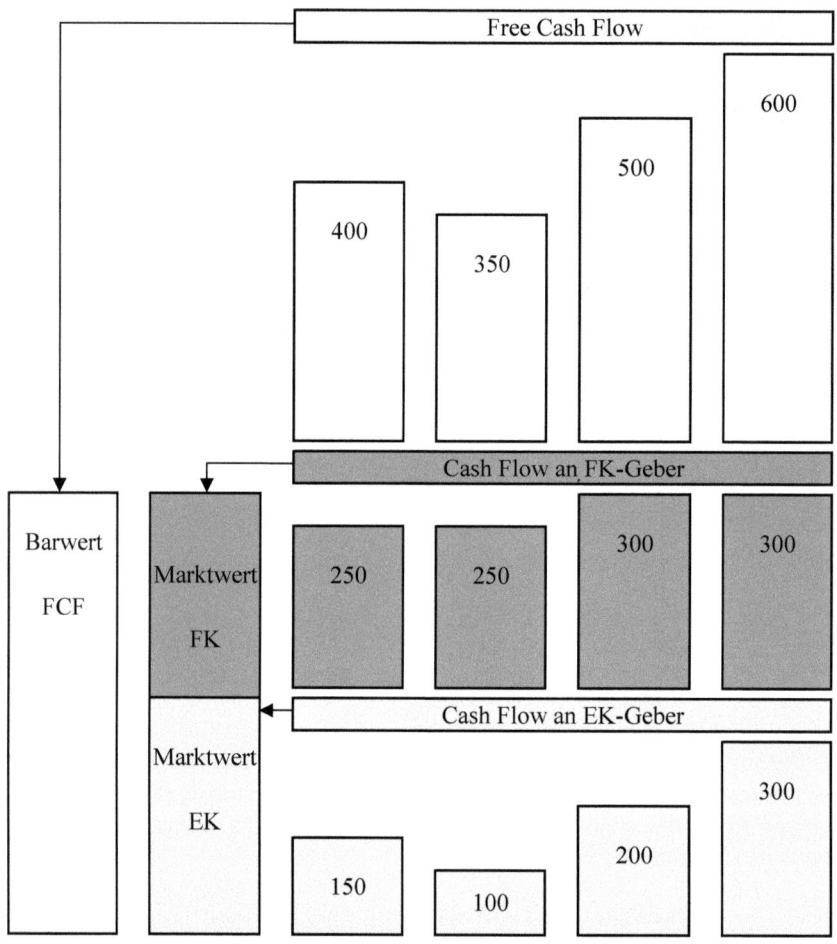

Abb. 18: Prinzip der DCF-Verfahren

Bei der Brutto-Methode lassen sich je nach Definition der relevanten Cash Flows und der verwendeten Diskontierungssätze verschiedene Verfahrensvarianten unterscheiden.

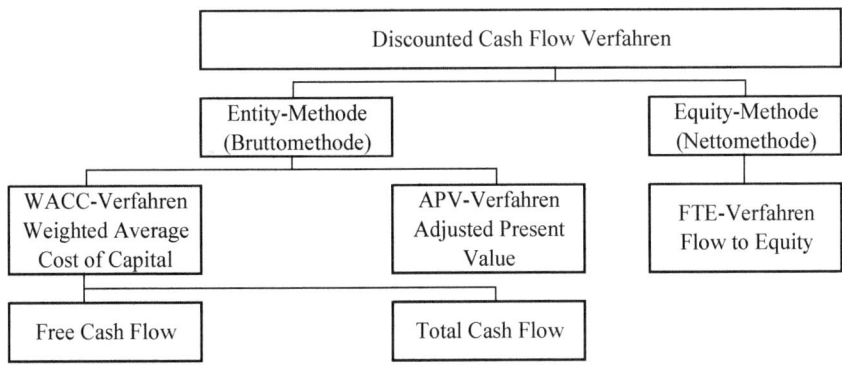

Abb. 19: Einteilung der DCF-Verfahren

Beim den WACC-Verfahren wird durch Diskontierung der allen Kapitalgebern zur Verfügung stehenden Zahlungsüberschüssen mit dem gewichteten Gesamtkapitalkostensatz der Wert des Gesamtkapitals ermittelt. Für den Unternehmenswert ist vom Wert des Gesamtkapitals noch das Fremdkapital abzuziehen.

Free Cash Flow- und Total Cash Flow-Verfahren unterscheiden sich dadurch, dass die steuerbedingten Finanzierungsvorteile des Fremdkapitals entweder im Kapitalkostensatz (FCF) oder im Cash Flow (TCF) erfasst werden. Nachfolgend wird nur der FCF-Ansatz betrachtet, der TCF-Ansatz hat kaum praktische Bedeutung.

Beim APV-Verfahren wird zunächst der Gesamtwert eines fiktiv unverschuldeten Unternehmen ermittelt und dann um die steuerbedingten Finanzierungsvorteile des Fremdkapitals berichtigt. Für den Unternehmenswert ist vom Wert des Gesamtkapitals noch das Fremdkapital abzuziehen.

Der Equity-Ansatz berücksichtigt nur die Cash Flows, die den Eigenkapitalgebern zustehen (Flow to Equity, FTE), insoweit ähnelt der Ansatz dem Ertragswertverfahren. Die aus der Fremdfinanzierung resultierenden Zahlungsströme sowie Veränderungen im Fremdkapitalbestand werden bei der Cash Flow-Berechnung einbezogen.

3.2.2. Entity-Ansatz

3.2.2.1. WACC-Verfahren

Für das WACC-Verfahren müssen die gewichteten Kapitalkosten[16] ermittelt und die zukünftigen Free Cash Flows geplant werden. Dabei ist – wie bei der Ertragswertmethode – eine Planung in einem Zweiphasenmodell mit einer Detailplanung über 3 bis 5 Jahre und einer anschließenden ewigen Rente („Terminal Value") üblich.

Der Free Cash Flow (FCF) wird üblicherweise indirekt aus den Daten der Plan-GuV und der Finanz- und Investitionsplanung ermittelt. Ausgangspunkt ist das Ergebnis vor Steuern und Zinsen (EBIT). Die Berechnung wird nach folgendem Schema durchgeführt:

Free Cash Flow (FCF):

Ergebnis vor Steuern und Zinsen (EBIT)
- Steuern vom EBIT
+ Abschreibungen
+ Erhöhung (- Verminderung) Rückstellungen
- Investitionen AV
- Erhöhung (+ Verminderung Working Capital)
= Free Cash Flow

Beispiel:

Neben den Plan-GuV der TEC GmbH für die Jahre 1 bis 5[17] sind folgende Daten bekannt:
- der Unternehmenssteuersatz beträgt 30%
- die Pensionsrückstellungen werden in der Detailplanungsphase um 6.500 € jährlich erhöht
- die Investitionen in das AV in den Jahren 1 und 3 bis 5 entsprechen den Abschreibungen, im Jahr 2 wurden 25.000 € zusätzlich investiert
- das Working Capital erhöht sich in der Planungsperiode um 1.000 € jährlich

---

[16] Vgl. Pkt. 1.3.2.
[17] Vgl. Pkt. 3.1.

Berechnung des EBIT der Jahre 1 bis 5:

Posten	Jahr 1 €	Jahr 2 €	Jahr 3 €	Jahr 4 €	Jahr 5 €
Jahresüberschuss	170.938	186.290	205.351	225.364	246.378
+ Steuern vom Einkommen und vom Ertrag	73.259	79.839	88.007	96.585	105.591
+ Zinsen und ähnliche Aufwendungen	38.000	38.000	38.000	38.000	38.000
– Erträge aus Beteiligung	8.000	8.000	8.000	8.000	8.000
= Ergebnis vor Steuern und Zinsen (EBIT)	274.197	296.129	323.358	351.949	381.969

Damit ergeben sich die Free Cash Flows der Jahre 1 bis 5:

Posten	Jahr 1 €	Jahr 2 €	Jahr 3 €	Jahr 4 €	Jahr 5 €
Ergebnis vor Steuern und Zinsen (EBIT)	274.197	296.129	323.358	351.949	381.969
– Steuern vom EBIT	82.259	88.839	97.007	105.585	114.591
+ Abschreibungen	21.000	25.000	25.000	25.000	25.000
+ Erhöhung (– Verminderung) Rückstellungen	6.500	6.500	6.500	6.500	6.500
– Investitionen AV	21.000	50.000	25.000	25.000	25.000
– Erhöhung (+ Verminderung Working Capital)	1.000	1.000	1.000	1.000	1.000
= Free Cash Flow	197.438	187.790	231.851	251.864	272.878

Die Berechnung des Unternehmenswerts erfolgt dann im Zweiphasenmodell, indem der Barwert der Free Cash Flows der Detailplanungsphase, der Barwert der ewigen Rente und ein eventueller Liquidationswert nichtbetriebsnotwendigen Vermögens addiert werden und vom Ergebnis der Wert des Fremdkapitals abgezogen wird.

WACC-Verfahren:

$$UW_{WACC} = \sum_{t=1}^{T} FCF_t \cdot (1+i_{WACC})^{-t} + \frac{FCF_{T+1}}{i_{WACC} - w} \cdot (1+i_{WACC})^{-T} + L_{NBV} - FK$$

UW_{WACC} … Unternehmenswert nach dem WACC-Verfahren

FCF … Free Cash Flow

t … Jahre

T … Detailplanungszeitraum

i_{WACC} … Gesamtkapitalkosten (WACC)

w … Wachstumsrate

L_{NBV} … Liquidationswert des nicht betriebsnotwendigen Vermögens

FK … Fremdkapital

Das grundsätzliche Vorgehen beim WACC-Verfahren zeigt die folgende Abbildung:[18]

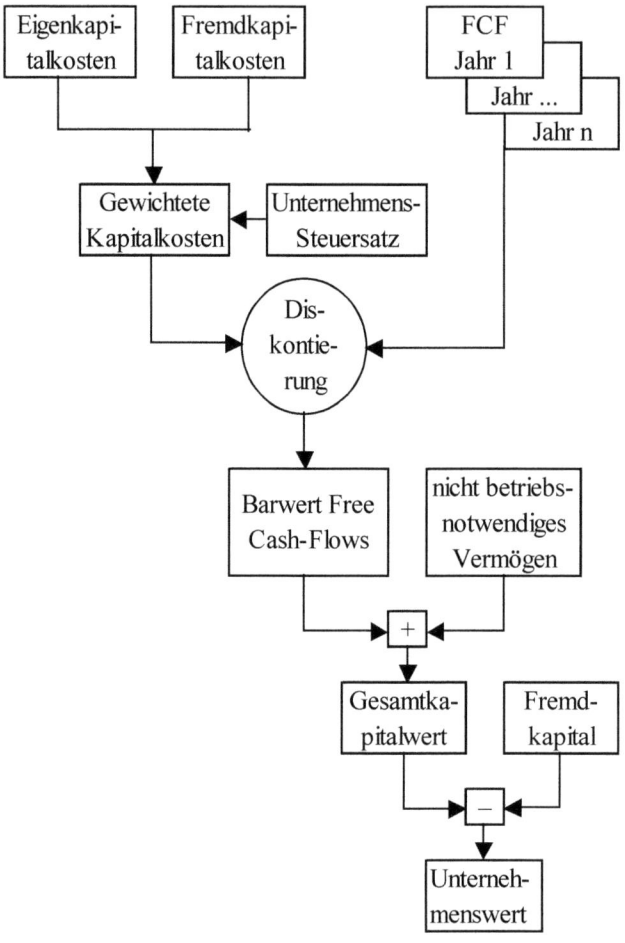

Abb. 19: WACC-Verfahren

[18] Abbildung in Anlehnung an *Ernst/Schneider/Thielen*: Unternehmensbewertungen erstellen und verstehen, S. 28.

Beispiel:

Der Unternehmenswert der TEC GmbH soll nun nach dem WACC-Verfahren berechnet werden. Dabei ist auf die geplanten FCF der Jahre 1 bis 5 zurückzugreifen. Zugrunde gelegt wird der Gesamtkapitalkostensatz von 5,29%.[19] Das nicht betriebsnotwendige Vermögen wird mit 133.600 € angesetzt.[20]

$$UW_{WACC} = 197.438 € \cdot 1,0529^{-1} + 187.790 € \cdot 1,0529^{-2} + 231.851 € \cdot 1,0529^{-3}$$

$$+ 251.864 € \cdot 1,0529^{-4} + 272.878 \cdot 1,0529^{-5} + \frac{272.878 €}{0,0529} \cdot 1,0529^{-5}$$

$$+ 133.600 € - 950.000 €$$

$$UW_{WACC} = 4.141.324 €$$

Alternativ kann die Berechnung in 3 Schritten erfolgen:

Barwert Phase 1:

t	FCF	q^{-t}	Barwert
1	197.438	0,94976	187.518
2	187.790	0,90204	169.394
3	231.851	0,85672	198.631
4	251.864	0,81368	204.936
5	272.878	0,77280	210.879
			971.358

Barwert des Terminal Value:

$$BW_{TV} = \frac{272.878 €}{0,0529} \cdot 1,0529^{-5} = 3.986.366 €$$

Unternehmenswert:

$$UW_{WACC} = BW_{1-5} + BW_{TV} + L_{NBV} - 950.000 € = 4.141.324 €$$

---

[19] Vgl. Pkt. 1.3.2.
[20] Vgl. Pkt. 2.2.

Am so berechneten Ergebnis zeigt sich ein Problem des WACC-Ansatzes, das sogenannte Zirkularitätsproblem: Das errechnete Eigenkapital ist eigentlich der Ausgangspunkt der WACC-Berechnung, gleichzeitig ihr Ergebnis.[21]

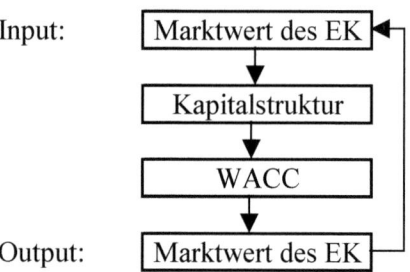

Abb. 20: Zirkularitätsproblem

Das Problem lässt sich durch Iteration lösen. Mit dem neu errechneten Eigenkapital können die Gesamtkapitalkosten neu berechnet werden:

$$i_{WACC} = 7,65\% \cdot \frac{4.141.324}{5.091.324} + 4,0\% \cdot \frac{950.000}{5.091.324} \cdot (1 - 0,3) = 6,75\%$$

Mit diesem Wert wird das Eigenkapital neu berechnet, damit nähert man sich dem tatsächlichen Eigenkapital weiter an:

$$UW_{WACC} = 197.438 \,€ \cdot 1,0675^{-1} + 187.790 \,€ \cdot 1,0675^{-2} + 231.851 \,€ \cdot 1,0675^{-3}$$
$$+ 251.864 \,€ \cdot 1,0675^{-4} + 272.878 \cdot 1,0675^{-5} + \frac{272.878 \,€}{0,0675} \cdot 1,0675^{-5}$$
$$+ 133.600 \,€ - 950.000 \,€$$

$$UW_{WACC} = 3.030.991 \,€$$

[21] Abbildung nach *Ernst/Schneider/Thielen*: Unternehmensbewertungen erstellen und verstehen, S. 49.

Diese Schritte werden so lange wiederholt, bis sich das EK nicht mehr ändert.

Vorliegend sind vier Iterationsschritte erforderlich:

	i_{WACC}	EK
Start	5,29%	324
1. Schritt	6,75%	3.030.991
2. Schritt	6,49%	3.192.002
3. Schritt	6,54%	3.160.039
4. Schritt	6,53%	3.166.392

Es ergibt sich als Endwert ein Eigenkapital von 3.166.392 €, welches bei der Berechnung der Gesamtkapitalkosten wieder einen Wert i.H.v. 6,53% ergibt. Damit ist der Zielwert der Iteration erreicht.

3.2.2.2. APV-Verfahren

Das APV-Verfahren geht zunächst von den gleichen Daten aus, wie das WACC-Verfahren. Die Free Cash Flows werden jedoch mit den Eigenkapitalkosten des fiktiv unverschuldeten Unternehmens diskontiert.

Der Steuervorteil der Fremdkapital-Finanzierung (Tax-Shield) wird gesondert berechnet und diskontiert. Die Summe aus den Barwerten zuzüglich eines eventuellen Liquidationswertes nichtbetriebsnotwendigen Vermögens ergibt den Brutto-Unternehmenswert von Eigen- und Fremdkapital. Der Brutto-Unternehmenswert abzüglich des Fremdkapitals ergibt den Unternehmenswert des Eigenkapitals.

APV-Verfahren

$$UW_{APV} = \sum_{t=1}^{T} FCF_t \cdot (1 + i_{EK,U})^{-t} + \frac{FCF_{T+1}}{i_{EK,U} - w} \cdot (1 + i_{EK,U})^{-T}$$

$$+ \sum_{t=1}^{T} \frac{s \cdot i_{FK} \cdot FK_{t-1}}{(1 + i_{FK})^t} + \frac{s \cdot i_{FK} \cdot FK_{T-1}}{(1 + i_{FK})^T \cdot i_{FK}} + L_{NBV} - FK$$

UW_{APV} ...   Unternehmenswert nach dem APV-Verfahren

FCF   ...   Free Cash Flow

t   ...   Jahre

T   ...   Detailplanungszeitraum

$i_{EK,U}$ ...   Eigenkapitalkosten des unverschuldeten Unternehmens

i_{FK} ...   Fremdkapitalkosten

s   ...   Unternehmenssteuersatz

w   ...   Wachstumsrate

L_{NBV} ...   Liquidationswert des nicht betriebsnotwendigen Vermögens

FK   ...   Fremdkapital

Die grundsätzliche Vorgehensweise beim APV-Verfahren zeigt die folgende Abbildung:[22]

---

[22] Abbildung in Anlehnung an *Ernst/Schneider/Thielen*: Unternehmensbewertungen erstellen und verstehen, S. 30.

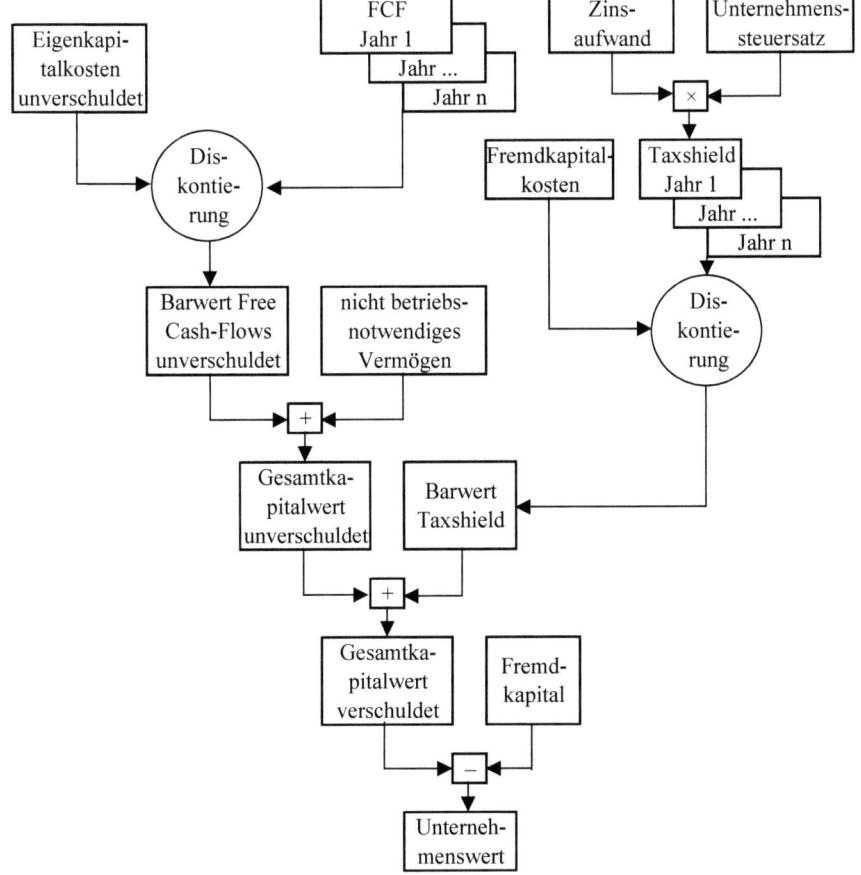

Abb. 21: APV-Verfahren

Beispiel:

Der Unternehmenswert der TEC GmbH soll nun nach dem APV-Verfahren unter Zugrundelegung der bisherigen Daten ermittelt werden. Es wird unterstellt, dass der Bestand des Fremdkapitals im Zeitverlauf unverändert bleibt. Dazu macht es sich zunächst erforderlich, die Eigenkapitalkosten des fiktiv unverschuldeten Unternehmens zu berechnen. Das erfolgt, wie bereits im Pkt. 1.3.2. betrachtet mit Hilfe des CAPM-Ansatzes. Zu rechnen ist allerdings mit dem Beta des unverschuldeten Unternehmens.

Eigenkapitalkosten (CAPM):

$$i_{EK,U} = r_B + (r_M - r_B) \cdot \beta_U$$

$i_{EK,U}$ ... Eigenkapitalkosten des unverschuldeten Unternehmens
r_B ... risikoloser Basiszins
r_M ... Rendite des Marktportfolios
β_U ... Beta-Faktor unverschuldet

Dazu ist zunächst das Beta des unverschuldeten Unternehmens zu berechnen. Durch Umstellung der im Pkt. 1.3.2. betrachteten Formel ergibt sich:

$$\beta_U = \frac{\beta_V}{1 + \dfrac{FK}{EK} \cdot (1 - s)}$$

β_V ... Beta-Faktor verschuldet
β_U ... Beta-Faktor unverschuldet
FK   ... Fremdkapital
EK   ... Eigenkapital
s   ... Unternehmenssteuersatz

In dieser Formel ist das Eigenkapital enthalten, welches ja das Ergebnis der Unternehmenswertberechnung sein soll. Daher kommt auch hier wieder das Zirkularitätsproblem zum Tragen, welches durch Iteration gelöst werden kann.[23]

Um die Berechnungen zu vereinfachen, wird hier unmittelbar das in Pkt. 3.2.2.1. ermittelte Eigenkapital (3.166.392 €) zugrunde gelegt. Damit berechnet sich der Beta-Faktor unverschuldet:

$$\beta_U = \frac{1,0}{1 + \dfrac{950.000}{3.166.392} \cdot (1 - 0,3)} = 0,83$$

und die Eigenkapitalkosten des unverschuldeten Unternehmens:

$$i_{EK,U} = 3,00\% + (7,65\% - 3,00\%) \cdot 0,83 = 6,86\%$$

---

[23] Vgl. Pkt. 3.2.2.1.

Damit ergibt sich folgende Berechnung:

$$UW_{APV} = 197.438\,€ \cdot 1{,}0686^{-1} + 187.790\,€ \cdot 1{,}0686^{-2} + 231.851\,€ \cdot 1{,}0686^{-3}$$

$$+ 251.864\,€ \cdot 1{,}0686^{-4} + 272.878 \cdot 1{,}0686^{-5} + \frac{272.878\,€}{0{,}0686} \cdot 1{,}0686^{-5}$$

$$+ 0{,}3 \cdot 0{,}04 \cdot 950.000\,€ \cdot 1{,}04^{-1} + 0{,}3 \cdot 0{,}04 \cdot 950.000\,€ \cdot 1{,}04^{-2}$$

$$+ 0{,}3 \cdot 0{,}04 \cdot 950.000\,€ \cdot 1{,}04^{-3} + 0{,}3 \cdot 0{,}04 \cdot 950.000\,€ \cdot 1{,}04^{-4}$$

$$+ 0{,}3 \cdot 0{,}04 \cdot 950.000\,€ \cdot 1{,}04^{-5} + \frac{0{,}3 \cdot 0{,}04 \cdot 950.000\,€}{0{,}04} \cdot 1{,}04^{-5}$$

$$+ 133.600\,€ - 950.000\,€$$

$$UW_{APV} = 3.251.565\,€$$

Alternativ kann die Berechnung in mehreren Schritten erfolgen:

Barwert Phase 1:

t	FCF	q^{-t}	Barwert
1	197.438	0,93580	184.763
2	187.790	0,87573	164.453
3	231.851	0,81951	190.004
4	251.864	0,76690	193.155
5	272.878	0,71767	195.836
			928.211

Barwert des Terminal Value:

$$BW_{TV} = \frac{272.878\,€}{0{,}0686} \cdot 1{,}0686^{-5} = 2.854.753\,€$$

Barwert Tax Shield Phase 1:

t	$s \cdot i_{FK} \cdot FK$	q^{-t}	Barwert
1	11.400	0,96154	10.962
2	11.400	0,92456	10.540
3	11.400	0,88900	10.135
4	11.400	0,85480	9.745
5	11.400	0,82193	9.370
			50.752

Barwert Tax Shield Terminal Value:

$$BW_{TV,TAX} = \frac{0,3 \cdot 0,04 \cdot 950.000 \, €}{0,04} \cdot 1,04^{-5} = 234.249 \, €$$

$$UW_{APV} = BW_{1-5} + BW_{TV} + BW_{1-5,TAX} + BW_{TV,TAX} + L_{NBV} - 950.000 \, €$$

$$UW_{APV} = 3.251.565 \, €$$

3.2.3. Equity-Ansatz

Beim Equity-Ansatz werden nur die Cash Flows berücksichtigt, die den Eigen-kapitalgebern zustehen (FTE), insoweit ähnelt der Ansatz dem Ertragswertver-fahren.

Die aus der Fremdfinanzierung resultierenden Zahlungsströme sowie Verände-rungen im Fremdkapitalbestand werden bei der Cash Flow-Berechnung einbe-zogen.

Der Flow to Equity (FTE) lässt sich aus dem Free Cash Flow (FCF) nach fol-gendem Schema berechnen:

Flow to Equity (FTE)

   Free Cash-Flow
− Fremdkapitalzinsen
+ Steuern auf die Fremdkapitalzinsen
− Tilgung (+ Aufnahme) Fremdkapital
= Flow to Equity

Beispiel:

Ausgehend von den bisherigen Daten der TEC GmbH ergibt sich folgende Rechnung für den Flow to Equity:

Posten	Jahr 1 €	Jahr 2 €	Jahr 3 €	Jahr 4 €	Jahr 5 €
Free Cash-Flow	197.438	187.790	231.851	251.864	272.878
− Fremdkapitalzinsen	38.000	38.000	38.000	38.000	38.000
+ Steuern auf die Fremdkapitalzinsen	11.400	11.400	11.400	11.400	11.400
− Tilgung (+ Aufnahme) Fremdkapital	0	0	0	0	0
= Flow to Equity	170.838	161.190	205.251	225.264	246.278

Die Berechnung des Unternehmenswerts erfolgt dann im Zweiphasenmodell, indem der Barwert der Flow to Equity der Detailplanungsphase, der Barwert der ewigen Rente und ein eventueller Liquidationswert nichtbetriebsnotwendigen Vermögens addiert werden.

Equity-Verfahren:

$$UW_{FTE} = \sum_{t=1}^{T} FTE_t \cdot (1 + i_{EK,V})^{-t} + \frac{FTE_{T+1}}{i_{EK,V} - w} \cdot (1 + i_{EK,V})^{-T} + L_{NBV}$$

UW_{FTE}	…	Unternehmenswert nach dem Equity-Verfahren
FTE	…	Flow to Equity
t	…	Jahre
T	…	Detailplanungszeitraum
$i_{EK,V}$	…	Eigenkapitalkosten des verschuldeten Unternehmens
w	…	Wachstumsrate
L_{NBV}	…	Liquidationswert des nicht betriebsnotwendigen Vermögens

Das grundsätzliche Vorgehen beim Equity-Verfahren zeigt die folgende Abbildung:[24]

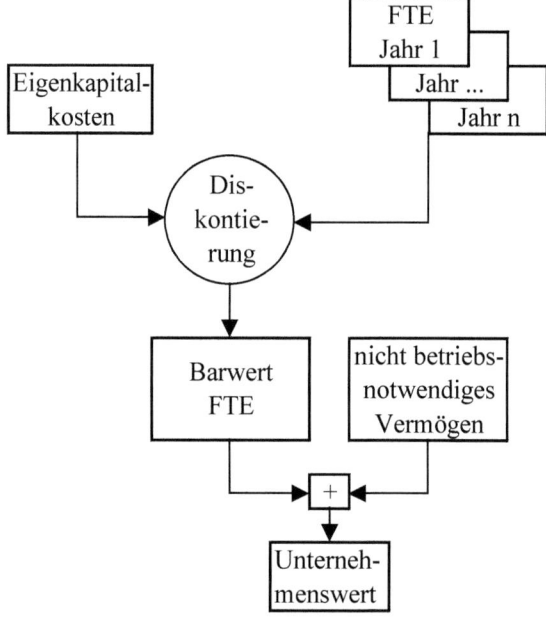

Abb. 22: Equity-Verfahren

---

[24] Abbildung in Anlehnung an *Ernst/Schneider/Thielen*: Unternehmensbewertungen erstellen und verstehen, S. 31.

Beispiel:

Der Unternehmenswert der TEC GmbH soll nun nach dem Equity-Verfahren berechnet werden. Dabei ist auf die geplanten FTE der Jahre 1 bis 5 zurückzugreifen. Zugrunde gelegt wird der Eigenkapitalkostensatz von 7,65%.[25] Das nicht betriebsnotwendige Vermögen wird mit 133.600 € angesetzt.[26]

$$UW_{FTE} = 170.838 € \cdot 1,0765^{-1} + 161.190 € \cdot 1,0765^{-2} + 205.251 € \cdot 1,0765^{-3}$$
$$+ 225.264 € \cdot 1,0765^{-4} + 246.278 \cdot 1,0765^{-5} + \frac{246.278 €}{0,0765} \cdot 1,0765^{-5}$$
$$+ 133.600 €$$
$$UW_{FTE} = 3.160.882 €$$

Alternativ kann die Berechnung in 3 Schritten erfolgen:

Barwert Phase 1:

t	FTE	q^{-t}	Barwert
1	170.838	0,92894	158.698
2	161.190	0,86292	139.095
3	205.251	0,80160	164.529
4	225.264	0,74464	167.740
5	246.278	0,69172	170.355
			800.416

Barwert des Terminal Value:

$$BW_{TV} = \frac{246.278 €}{0,0765} \cdot 1,0765^{-5} = 2.226.866 €$$

Unternehmenswert:

$$UW_{FTE} = BW_{1-5} + BW_{TV} + L_{NBV} = 3.160.882 €$$

[25] Vgl. Pkt. 1.3.2.
[26] Vgl. Pkt. 2.2.

4. Kombinationsverfahren

4.1. Mittelwertverfahren

Die Kombinationsverfahren versuchen den Unternehmenswert zu ermitteln, indem eine Kombination von Substanzwert und Zukunftserfolgswert zugrunde gelegt wird. Dies beruht auf der Annahme, dass sowohl die materielle Unternehmenssubstanz als auch die Ertragskraft wertbestimmende Faktoren eines Unternehmens sind.

Beim Mittelwertverfahren wird der Unternehmenswert als einfaches arithmetisches Mittel aus Substanzwert und Ertragswert ermittelt.

Mittelwertverfahren:

$$UW_{MW} = \frac{UW_{SW} + UW_{EW}}{2}$$

UW_{MW} ... Unternehmenswert nach dem Mittelwertverfahren

UW_{SW} ... Substanzwert des Unternehmens

UW_{EW} ... Unternehmenswert nach dem Ertragswertverfahren

Beispiel:

Anhand der berechneten Werte nach dem Ertrags- und dem Substanzwertverfahren[27] ergibt sich der Unternehmenswert der TEC GmbH nach dem Mittelwertverfahren:

$$UW_{MW} = \frac{UW_{SW} + UW_{EW}}{2} = \frac{1.211.600 \; € + 3.160.538 \; €}{2} = 2.186.069 \; €$$

In der Unternehmensbewertungspraxis hat das Mittelwertverfahren keine wesentliche Bedeutung.[28]

---

[27] Vgl. Pkt. 2.2. und 3.1.
[28] Vgl. z.B. *Ernst/Schneider/Thielen*: Unternehmensbewertungen erstellen und verstehen, S. 5.

4.2. Übergewinnverfahren

Die Übergewinnverfahren basieren auf der Überlegung, dass Unternehmen sich im langfristigen Gleichgewicht einpendeln, in dem eine Normalverzinsung erreicht wird. Diese Normalverzinsung entspricht dem Renditeniveau des Marktportfolios. Übergewinne begründen einen sich im Substanzwert (i.S.d. Teilreproduktionswertes) nicht widerspiegelnden, originären Firmenwert. Unterstellt wird, dass die Übergewinne eine begrenzte Zeit (z.B. 5 Jahre) erzielbar sind. Über diesen Zeitraum werden sie mit einem um einen Risikozuschlag von 25% bis 50% erhöhten Zinssatz diskontiert.

Die Übergewinne werden errechnet, indem vom Ertragsüberschuss die Verzinsung des Substanzwertes abgezogen wird. Daraus resultiert folgende Berechnung:

Übergewinnverfahren

$$UW_{\ddot{U}G} = UW_{SW} + \sum_{t=1}^{n}(E\ddot{U}_t - UW_{SW} \cdot r_M) \cdot (1 + i_{\ddot{U}G})^{-n}$$

$UW_{\ddot{U}G}$	...	Unternehmenswert nach dem Übergewinnverfahren
UW_{SW}	...	Substanzwert des Unternehmens
$E\ddot{U}$	...	Ertragsüberschüsse
t	...	Jahre
n	...	Zeitraum der Übergewinnphase
r_M	...	Rendite des Marktportfolios
$i_{\ddot{U}G}$	...	Zins zur Diskontierung der Übergewinne

Beispiel:

Für die TEC GmbH soll der Unternehmenswert nach dem Übergewinnverfahren berechnet werden. Zugrund gelegt wird der Ertragsüberschuss aus dem Jahr 0, eine Übergewinnphase von 5 Jahren, 7,65% Rendite des Marktportfolios[29] und ein Zins von 11,475% zur Diskontierung der Übergewinne, d.h. ein um 50% erhöhter Zins. Da vorliegend gleichbleibende Übergewinne unterstellt werden, kann mit dem Rentenbarwertfaktor diskontiert werden.

---

[29] Vgl. Pkt. 1.3.2.

$$UW_{\ddot{U}G} = UW_{SW} + (E\ddot{U}_t - UW_{SW} \cdot r_M) \cdot \frac{(1+i_{\ddot{U}G})^n - 1}{(1+i_{\ddot{U}G})^n \cdot i_{\ddot{U}G}}$$

$$UW_{\ddot{U}G} = 1.211.600\,€ + (153.639\,€ - 1.211.600 \cdot 0{,}0765) \cdot \frac{(1+0{,}11475)^5 - 1}{(1+0{,}11475)^5 \cdot 0{,}11475}$$

$$UW_{\ddot{U}G} = 1.434.205\ €$$

In der Unternehmensbewertungspraxis haben Übergewinnverfahren keine wesentliche Bedeutung.[30]

Ein Sonderfall des Übergewinnverfahrens stellt aber das sogenannte „Stuttgarter Verfahren" dar, welches zur steuerlichen Wertermittlung in der Vermögens- und Erbschaftssteuer Anwendung gefunden hat. Dieses wurde von der Finanzverwaltung zur Konkretisierung der Vorgaben des § 11 Abs. 2 S. 2 BewG entwickelt und war zuletzt in den R. 96 ff. ErbStR 2003 geregelt.

Durch das neue vereinfachte Ertragswertverfahren (§§ 199 ff. BewG)[31] hat das Stuttgarter Verfahren seine Bedeutung weitgehend verloren. Allerdings verweisen z.t. Gesellschaftsverträge für die Ermittlung von Abfindungen für ausscheidende Gesellschafter noch auf dieses Verfahren.

Ausgangspunkt der Wertermittlung nach dem Stuttgarter Verfahren ist der Vermögenswert (V) der Kapitalgesellschaft als Differenz von Vermögen und Schulden inklusive Rückstellungen in Prozent des Nennkapitals der Gesellschaft (Stamm- bzw. Grundkapital). Bei der Ermittlung des Vermögenswertes ist das Vermögen mit dem Wert aus der Bilanz zugrunde zu legen. Allerdings sind Betriebsgrundstücke und Beteiligungen mit dem tatsächlichen Wert anzusetzen (R. 98 ErbStR 2003).

$$V = \frac{Verm\ddot{o}gen - Schulden}{Nennkapital} \cdot 100$$

Danach ist der Ertragswert als Prozentsatz vom Nennkapital zu ermitteln (R. 99 ErbStR 2003). Der Ertragshundertsatz (E) wird als gewogenes arithmetisches Mittel der Erträge der vorangegangenen drei Geschäftsjahre in Prozent des Nennkapitals ermittelt. Dabei wird das letzte Jahr dreifach, das vorletzte doppelt und das vorgehende einfach gewichtet. Ertrag ist das zu versteuernde Einkommen i.S.d. §§ 7, 8 KStG.

---

[30] Vgl. z.B. *Ernst/Schneider/Thielen*: Unternehmensbewertungen erstellen und verstehen, S. 6.
[31] Vgl. Pkt. 6.1.

$$E = \frac{Ertrag_{-1} \cdot 3 + Ertrag_{-2} \cdot 2 + Ertrag_{-3}}{Nennkapital \cdot 6} \cdot 100$$

Der Wert eines Anteils als Prozentsatz vom Nennwert (NW) ergibt sich dann nach folgender Rechnung (R. 100 ErbStR 2003):

$$X = 0,68 \cdot (V + 5 \cdot E)$$

Somit berechnet sich der Wert des Unternehmens (bzw. eines Anteils):

$$UW_{SV} = NW \cdot X$$

Beispiel:

Der Unternehmenswert der TEC GmbH soll für das Jahr 1 nach dem Stuttgarter Verfahren ermittelt werden. Dabei wird unterstellt, dass die handelsrechtlichen Ergebnisse mit den steuerrechtlichen übereinstimmen.[32]

Für den Vermögenswert ergibt sich folgende Berechnung:

Grundstücke (tatsächlicher Wert)	450.000 €
+ Finanzanlagen (tatsächlicher Wert)	108.000 €
+ Sonstige Vermögensgegenstände (Bilanzansatz)	1.527.000 €
= Gesamtvermögen	2.085.000 €
Rückstellungen	315.000 €
+ Verbindlichkeiten	635.000 €
= Schulden	950.000 €

$$V = \frac{2.085.000 \text{€} - 950.000 \text{€}}{1.000.000} \cdot 100 = 113,50\%$$

Für den Ertragswert sind zunächst die Jahreserträge als Vorsteuergewinne zu ermitteln:

	Jahr -2	Jahr -1	Jahr 0
	€	€	€
Jahresüberschuss	124.858	127.673	153.639
+ Steuern vom Einkommen und vom Ertrag	53.510	54.717	65.846
= Jahresertrag	178.368	182.390	219.485

---

[32] Zugrunde gelegt sind die Daten zum Substanzwert aus Pkt. 2.2. und die Gewinn- und Verlustrechnungen aus Pkt. 3.1.

Damit lässt sich der Ertragshundertsatz berechnen:

$$E = \frac{219.485 \, € \cdot 3 + 182.390 \, € \cdot 2 + 178.368}{1.000.000 \cdot 6} \cdot 100 = 20,03\%$$

Der Wert eines Anteils als Prozentsatz vom Nennwert berechnet sich somit:

$$X = 0,68 \cdot (113,50\% + 5 \cdot 20,03) = 145,28\%$$

Damit beträgt der Unternehmenswert nach dem Stuttgarter Verfahren

$$UW_{SV} = 1.000.000 \, € \cdot 145,28\% = 1.452.820 \, €$$

Bei dieser Berechnung sind keine Besonderheiten, die zu Zu- oder Abschlägen führen, berücksichtigt (R 100 ff. ErbStR 2003).

5. Branchenspezifische Bewertungsregeln

5.1. Bewertung freiberuflicher Unternehmen

Bei der Bewertung freiberuflicher Unternehmen werden zum Teil vereinfachte Bewertungsverfahren verwendet, die den Unternehmenswert als Summe aus Substanzwert und ideellem Wert („Good Will") berechnen. Insofern kann man diese Methoden mit den Übergewinnverfahren vergleichen.

Verschiedene Kammern geben für ihre Mitglieder entsprechende Verfahrens-richtlinien heraus, u.a.:

• Bundesärztekammer[33]
• Bundessteuerberaterkammer[34]
• Bundesrechtsanwaltskammer.[35]

Die Berechnung des ideellen Wertes erfolgt durch Multiplikation eines bereinig-ten Umsatz- bzw. Gewinnwertes mit einem Multiplikator, der die individuellen Verhältnisse durch werterhöhende und wertverringernde Faktoren widerspiegelt.

Die Verfahrensweise soll am Beispiel der Bewertung einer Arztpraxis verdeut-licht werden.

---

[33] Vgl. Deutsches Ärzteblatt vom 22. Dezember 2008.
[34] Vgl. Berufsrechtliches Handbuch der Steuerberaterkammer.
[35] Vgl. BRAK-Mitteilungen 6/2009.

Beispiel:

Für eine Arztpraxis sind folgende Daten ermittelt worden:

- Substanzwert 75.000 €
- übertragbarer Umsatz 120.000 € (Dreijahresdurchschnitt)
- übertragbare Kosten 55.000 € (Dreijahresdurchschnitt)

Die Wertermittlung soll nach der KBV-Methode[36] erfolgen.

übertragbarer Umsatz	120.000 €
– übertragbare Kosten	55.000 €
= übertragbarer Gewinn	65.000 €
– alternatives Arztgehalt	38.000 €
= nachhaltig erzielbarer Gewinn	27.000 €
× Prognosemultiplikator	2
= ideeller Wert (Goodwill)	54.000 €
+ Substanzwert	75.000 €
= Praxiswert	129.000 €

Der Substanzwert setzt sich aus den Marktwerten der einzelnen Vermögensgegenstände zusammen. Der übertragbare Umsatz ist der durchschnittliche Jahresumsatz aus den letzten drei Kalenderjahren. Nicht zu berücksichtigen sind Leistungen, die ausschließlich personengebunden dem Praxisinhaber zuzurechnen sind (z.B. Gutachtertätigkeit, betriebsärztliche Tätigkeit u.ä.).

Die übertragbaren Kosten sind der Dreijahresdurchschnitt der Praxiskosten ohne Kosten, die mit nicht übertragbaren Umsätzen zusammenhängen.

Als alternatives Arztgehalt ist das Bruttogehalt aus einer fachärztlichen Tätigkeit anzusetzen. Als Basisgröße werden ein Prozentsatz von 76.000 € angesetzt, der umsatzabhängig zwischen 20% und 100% liegt. Im Beispiel sind 50% von 76.000 € ab 115 T€ Umsatz anzusetzen.

---

[36] Vgl. Deutsches Ärzteblatt vom 22. Dezember 2008.

Der Prognosefaktor ist die angenommene Patientenbindung. Er beträgt in der Regel für eine Einzelpraxis zwei Jahre, bei Gemeinschaftspraxen zweieinhalb Jahre.

Im Bedarfsfall sind wertsteigende oder -mindernde Faktoren, wie Lage, Arztdichte usw. mit Auf- bzw. Abschlägen von bis zu 20% zu berücksichtigen.

Die vereinfachte Bewertung mit Umsatz- bzw. Gewinnmultiplikatoren stellt für kleine Praxen und Büros eine einfache und effiziente Berechnungsmethode dar.

Für größere Unternehmen ist eher die Bewertung mittels Ertragswert- oder DCF-Verfahren zu empfehlen.

5.2. Bewertung von Handwerksbetrieben

Für die Bewertung von Handwerksbetrieben gibt es den AWH-Standard[37] des Arbeitskreises der wertermittelnden Berater im Handwerk. Das Verfahren stellt ein modifiziertes Ertragswertverfahren dar, welches die Besonderheiten von kleinen und mittleren Handwerksbetrieben berücksichtigt.

Das Grundprinzip basiert auf der Ermittlung einer ewigen Rente. Dazu werden die gewichteten Ergebnisse der letzten vier Jahre durch einen Zinssatz dividiert, der aus einem Basiszinssatz und diversen Zuschlägen berechnet wird.

Die zukünftig zu erwartenden Betriebsergebnisse werden auf Basis einer gewichteten Fortschreibung der letzten vier korrigierten Betriebsergebnisse ermittelt. Dabei wird das letzte Betriebsergebnis mit 40%, das vorletzte mit 30% und die vorhergehenden mit 20% bzw. 10% gewichtet.

Damit ergibt sich folgende Berechnung des Unternehmenswertes:[38]

$$UW_{AWH} = \frac{0,1 \cdot BE_{-3} + 0,2 \cdot BE_{-2} + 0,3 \cdot BE_{-1} + 0,4 \cdot BE_0}{i_{AWH}}$$

UW_{AWH}	...	Unternehmenswert nach dem AWH-Verfahren
BE	...	korrigierte Betriebsergebnisse
i_{AWH}	...	Diskontierungszinssatz nach dem AWH-Verfahren

---

[37] http://awh.zdh.de/index.php?id=9551
[38] In Anlehnung an *Schempp*: Unternehmensbewertung im Handwerk, S. 48.

Die Unsicherheiten werden über Risikozuschläge im Diskontierungssatz berücksichtigt. Als Zuschläge kommen in Betracht:

- Fungibilitätszuschlag
- Zuschlag für Kundenabhängigkeit
- Zuschlag für Produkt- und Leistungsangebot
- Zuschlag für Branchenentwicklung
- Zuschlag für Standort- und Wettbewerbsrisiken
- Zuschlag für Betriebsausstattung
- Zuschlag für Arbeitnehmerstruktur
- Zuschlag für Abhängigkeit von Einzelpersonen
- Zuschlag für sonstige Risiken
- Zuschlag für Abhängigkeit vom Inhaber

Als Basiszins wird der in 203 Abs. 2 BewG für steuerliche Zwecke festgelegte Zinssatz zugrunde gelegt. Die Zuschläge liegen i.d.R. zwischen 0% und 3%, bei der Inhaberabhängigkeit zwischen 0% und 30%. Als Grundlage dient ein Fragebogen, auf dessen Basis die einzelnen Zuschläge ermittelt werden.

Der Zinssatz wird als Nachsteuerzinssatz berechnet, d.h. abzüglich der 26,375% Abgeltungssteuer inclusive Solidaritätszuschlag.

Somit berechnet sich der Diskontierungszinssatz:

$$i_{AWH} = (r_B + z_F + z_K + z_P + z_B + z_S + z_{BA} + z_{AN} + z_{EP} + z_{sonst} + z_{IH}) \cdot (1 - s_{AB})$$

i_{AWH}	...	Diskontierungszinssatz nach dem AWH-Verfahren
r_B	...	risikoloser Basiszins
z_F	...	Fungibilitätszuschlag
z_K	...	Zuschlag für Kundenabhängigkeit
z_P	...	Zuschlag für Produkt- und Leistungsangebot
z_B	...	Zuschlag für Branchenentwicklung
z_S	...	Zuschlag für Standort- und Wettbewerbsrisiken
z_{BA}	...	Zuschlag für Betriebsausstattung
z_{AN}	...	Zuschlag für Arbeitnehmerstruktur
z_{EP}	...	Zuschlag für Abhängigkeit von Einzelpersonen
z_{sonst}	...	Zuschlag für sonstige Risiken
z_{IH}	...	Zuschlag für Abhängigkeit vom Inhaber
s_{AB}	...	Abgeltungssteuersatz

Bei der Ermittlung der korrigierten Betriebsergebnisse werden die Betriebsergebnisse zunächst um außerordentliche Aufwendungen und Erträge berichtigt. Anstelle der steuerlichen Werte werden zudem kalkulatorische Kosten berücksichtigt. Zinsaufwendungen werden durch kalkulatorische Zinsen, Abschreibungen durch kalkulatorische Abschreibungen ersetzt. Gegebenenfalls wird ein kalkulatorischer Unternehmerlohn und eine kalkulatorische Miete berücksichtigt.

Da der Zinssatz nach Steuern zugrunde gelegt ist, wird auch das korrigierte Betriebsergebnis nach Steuern berechnet. Dabei wird für Einzelunternehmen und Personengesellschaften typisierter Einkommenssteuersatz in Höhe von 35% zugrunde gelegt. Für Kapitalgesellschaften wird der Gewinn um 15% Körperschaftsteuer zuzüglich 5,5% Solidaritätszuschlag gekürzt und dann um 25% Abgeltungssteuer zuzüglich 5,5% Solidaritätszuschlag vermindert, da von der Vollausschüttungshypothese ausgegangen wird.

Für die Berechnung des Unternehmenswerts nach dem AWH-Verfahren steht ein EXCEL-Tool zur Verfügung. Eine vereinfachte Variante gibt es zum Download im Internet.[39]

---

[39] http://www.unternehmensbewerter.de/excel-tool/

6. Marktorientierte Bewertung

6.1. Multiplikatorverfahren

Durch Multiplikatorverfahren wird der Marktwert eines Unternehmens aus den Marktdaten vergleichbarer Unternehmen gewonnen. Es handelt sich somit um einen marktorientierten Bewertungsansatz. Dabei wird eine bestimmte Kennzahl als Werttreiber des zu bewertenden Unternehmens mit einem aus den Vergleichsunternehmen abgeleiteten Multiplikator multipliziert.

Die Multiplikatorenverfahren folgen damit einer Systematik, die sich von den zahlungsstromorientierten Verfahren grundsätzlich unterscheidet. Der dahinterstehende Gedanke ist, dass vergleichbare Unternehmen vergleichbare Werte haben.

Die Verfahrensweise bei den Multiplikatorenverfahren ist folgende:

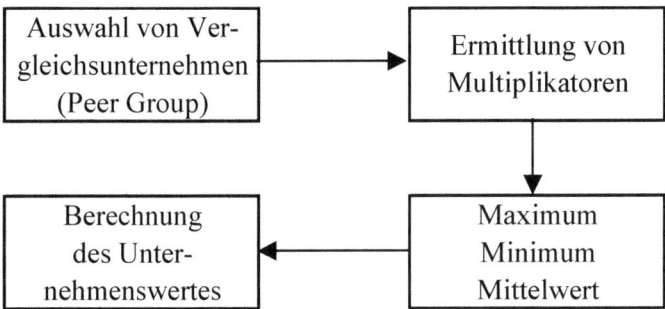

Abb. 23: Verfahrensweise bei den Multiplikatorenverfahren

Ausgangspunkt ist die Auswahl von Vergleichsunternehmen und die Erfassung der erforderlichen Informationen der Vergleichsunternehmen. Daraus werden die Multiplikatoren der Vergleichsunternehmen berechnet. Ein Multiplikator errechnet sich als Quotient aus einer Wertgröße und einer Bezugsgröße.

Multiplikator:

$$M = \frac{WG}{BG}$$

M   ...   Multiplikator

WG   ...   Wertgröße

BG   ...   Bezugsgröße

Als Wertgröße wird i.d.R. die Marktkapitalisierung bzw. der Enterprise Value (d.h. der Wert des gesamten operativen Geschäfts inklusive des verzinslichen Fremdkapitals) verwendet. Als Bezugsgrößen kommen z.b. Umsatz oder Gewinn in Betracht. Aus den Multiplikatoren der Peer Group können dann der Mittelwert sowie Minimum und Maximum berechnet werden. Der Unternehmenswert berechnet sich dann als Produkt aus Multiplikator und Bezugsgröße des zu bewertenden Unternehmens.

Multiplikatorverfahren:

$$UW_M = M \cdot BG_U$$

UW_M ...   Unternehmenswert nach dem Multiplikatorverfahren

Als typische Multiplikatoren kommen u.a. das KUV (Kurs-Umsatz-Verhältnis), das KGV (Kurs-Gewinn-Verhältnis) und der EV/EBIT-Multiplikator in Betracht.

Typische Multiplikatoren:

$$KUV = \frac{Marktkapitalisierung}{Umsatz}$$

$$KGV = \frac{Kurs\ je\ Aktie}{Gewinn\ je\ Aktie}$$

$$EV / EBIT = \frac{\text{Enterprise Value}}{\text{EBIT}}$$

Beispiel:

Für fünf börsennotierte Vergleichsunternehmen der TEC GmbH sind (bezogen auf das Bewertungsjahr 0) folgende Werte ermittelt worden:

Unternehmen	Kurs	Anzahl Aktien	Umsatz
A	10,50	1.375.000	5.250.000
B	15,00	714.000	4.200.000
C	50,00	514.500	10.500.000
D	5,50	4.247.000	7.535.000
E	25,00	661.500	6.125.000

Der Unternehmenswert der TEC GmbH soll auf Basis des KUV einschließlich der Spannbreite ermittelt werden.

Schritt 1: Ermittlung des KUV der Peer Group und des Mittelwertes

Unternehmen	Kurs	Anzahl Aktien	Marktkapitalisierung	Umsatz	KUV
A	10,50	1.375.000	14.437.500	5.250.000	2,75
B	15,00	714.000	10.710.000	4.200.000	2,55
C	50,00	514.500	25.725.000	10.500.000	2,45
D	5,50	4.247.000	23.358.500	7.535.000	3,10
E	25,00	661.500	16.537.500	6.125.000	2,70
Mittelwert			18.153.700	6.722.000	2,70

Schritt 2: Berechnung des Unternehmenswertes

$UW_M = 2,70 \cdot 1.192.500 \, € = 3.219.750 \, €$

$UW_{M,max} = 3,10 \cdot 1.192.500 \, € = 3.696.750 \, €$

$UW_{M,min} = 2,45 \cdot 1.192.500 \, € = 2.921.625 \, €$

Ein vereinfachtes Multiplikatorverfahren kann mit Hilfe von frei zugänglichen Multiplikatoren auf Basis von EBIT und Umsatz erfolgen. Diese Multiplikatoren werden regelmäßig von Finance-Research veröffentlicht.[40] Der Brutto-Unternehmenswert ergibt sich dann als Produkt aus EBIT bzw. Umsatz und dem jeweiligen Multiplikator. Für den Netto-Unternehmenswert ist dann noch der Marktwert des Fremdkapitals abzuziehen.

Multiplikatorenverfahren haben den Vorteil, dass die Wertermittlung ohne großem Rechenaufwand auf Basis relativ einfach zugänglicher Daten erfolgt. Ein entscheidender Nachteil besteht darin, dass Fehleinschätzungen des Marktes sich in der Bewertung niederschlagen. Hinzu kommt die mangelnde theoretische Fundierung.

6.2. Comparative Company Approach

Bei den Comparative Company Approach Methoden[41] wird der Unternehmenswert aus konkreten, tatsächlich erzielten Marktpreisen abgeleitet. Die Grundidee besteht darin, dass der Marktmechanismus zu Preisen führt, die sich bei gleichen Bedingungen erneut erzielen lassen.

Beim Comparative Company Approach werden drei Ansätze unterschieden:

- Similiar Public Company Method
  Bei dieser Methode werden die Börsendaten von Vergleichsunternehmen mit ähnlichen Kennzahlen zur Bewertung genutzt.

- Recent Acquisition Method
  Ausgangspunkt sind tatsächlich realisierte Preise bei Transaktionen vergleichbarer Unternehmen, die als Bewertungsmaßstab genutzt werden.

- Initial Public Offering Method
  Diese Methode legt die Emissionspreise von Vergleichsunternehmen als Bewertungsmaßstab zugrunde.

Dem Vorteil der leichten Handhabung von Comparative Company Approach Methoden stehen als Nachteile die Voraussetzung eines umfangreichen, bestehenden Kapitalmarktes, um geeignete Vergleichsunternehmen zu finden, sowie die fehlende theoretische Fundierung gegenüber.

---

[40] Vgl. http://www.finance-research.de/multiples
[41] Alternativ wird der Begriff „Comparable Company Analysis" verwendet, vgl. *Behringer:* Unternehmensbewertung der Mittel- und Kleinbetriebe, S. 175.

7. Verfahrensregelungen

7.1. Vereinfachtes Ertragswertverfahren

Die steuerlichen Regelungen zur Bewertung von Unternehmen sind durch die Erbschaftsteuerreform zum 1. Januar 2009 grundlegend umgestaltet worden. Maßgebliches Bewertungsziel nach der Erbschaftsteuerreform ist der gemeine Wert. Für die Bewertung von nicht börsennotierten Anteilen an Kapitalgesellschaften und Betriebsvermögen enthält das Bewertungsgesetz (BewG) nun das vereinfachte Ertragswertverfahren (§§ 199 bis 203 BewG) als mögliches Bewertungsverfahren.

Die Grundregel für die Bewertung von Wertpapieren und Anteilen an Kapitalgesellschaften ist § 11 BewG, der eine Hierarchie der Bewertungsmethoden festschreibt.

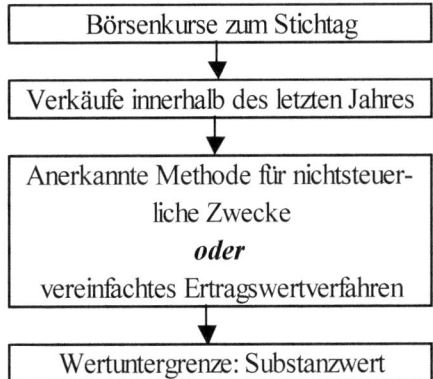

Abb. 24: Hierarchie der Bewertungsmethoden

Für börsennotierte Kapitalgesellschaften ist der niedrigste Kurs am Bewertungsstichtag bzw. die letzte Kursnotierung innerhalb von 30 Tagen maßgeblich (§ 11 Abs. 1 BewG).

Bei nicht börsennotierten Kapitalgesellschaften ist zunächst zu prüfen, ob innerhalb eines Jahres Unternehmensanteile an Dritte veräußert wurden. Ist dies der Fall, ist der Wert aus dem Verkaufspreis abzuleiten (§§ 11 Abs. 2, 9 Abs. 2 BewG). Liegen keine Verkäufe innerhalb eines Jahres vor, so kann der Wert entweder mit dem vereinfachten Ertragswertverfahren oder durch andere, auch für nichtsteuerliche Zwecke anerkannte Verfahren ermittelt werden (§ 11 Abs. 2 S. 2 BewG).

Der Substanzwert stellt die Wertuntergrenze dar (§ 11 Abs. 2 S. 3 BewG).

Das vereinfachte Ertragswertverfahren basiert nach § 200 BewG auf einer Kapitalisierung des Jahresertrags sowie der gesonderten Berücksichtigung des nicht betriebsnotwendigen Vermögens und weiteren Vermögens, insbesondere von Beteiligungen.

Zur Ermittlung des Ertragswerts ist der zukünftig nachhaltig erzielbare Jahresertrag mit dem Kapitalisierungsfaktor zu multiplizieren (§ 200 Abs. 1 BewG). Nicht betriebsnotwendiges (§ 200 Abs. 2 BewG) und weiteres Vermögen (§ 200 Abs. 3, 4 BewG) ist zusätzlich zum Ertragswert gesondert zu erfassen und mit dem gemeinen Wert anzusetzen.

Der voraussichtlich zukünftig nachhaltig zu erzielende Jahresertrag wird aus den in der Vergangenheit tatsächlich erzielten Jahreserträgen abgeleitet, dabei ist i.d.R. vom Durchschnitt der Ergebnisse der letzten drei abgelaufenen Wirtschaftsjahre auszugehen (§ 201 BewG).

Der Jahresertrag wird aus den korrigierten Betriebsergebnissen des Unternehmens abgeleitet. Ausgangswert ist der Gewinn im Sinne des § 4 Abs. 1, 3 EStG. Dieser ist zunächst um Hinzurechnungen (z.b. Sonderabschreibungen, außerordentliche Aufwendungen, Ertragssteueraufwand) und Kürzungen (z.b. außerordentliche Erträge, ein angemessener Unternehmerlohn, Erträge aus der Erstattung von Ertragssteuern) zu korrigieren (§ 201 Abs. 1 BewG). Von diesem Betrag wird eine fiktive Steuerbelastung von 30 Prozent abgezogen (§ 201 Abs. 3 BewG). Dieser Wert stellt das korrigierte Betriebsergebnis dar.

Der Kapitalisierungsfaktor ist der Kehrwert des Kapitalisierungszinssatzes (§ 203 Abs. 3 BewG), d.h. es wird von der Berechnung einer ewigen Rente ausgegangen. Der Kapitalisierungszinssatz setzt sich aus einem Basiszins in Höhe der langfristig erzielbaren Rendite öffentlicher Anleihen (§ 203 Abs. 2 BewG)[42] und einem pauschalen Risikozuschlag von 4,5%.[43]

Beispiel:

Der Unternehmenswert der TEC GmbH soll für das Jahr 1 (= 2014) nach dem vereinfachten Ertragswertverfahren ermittelt werden.

---

[42] Der Basiszins gemäß § 203 Abs. 2 BewG wird vom BMF jährlich festgesetzt, für 2013 beträgt er 2,04%, für 2014 2,59% und für 2015 0,99%.
[43] Von der Finanzverwaltung wird ein Muster für die Anlage vereinfachtes Ertragswertverfahren zur Verfügung gestellt, siehe Anhang 3.

Die Berechnung erfolgt ausgehend von den Gewinn- und Verlustrechnungen der letzten drei Jahre:

	Jahr -2	Jahr -1	Jahr 0
Jahresüberschuss	124.858	127.673	153.639
+ Außerordentliche Aufwendungen	0	3.500	0
+ Ertragssteuern	53.510	54.717	65.846
− Außerordentliche Erträge	5.000	0	0
= Betriebsergebnis	173.368	185.890	219.485
− pauschaler Ertragsteueraufwand	52.010	55.767	65.846
= Korrigiertes Betriebsergebnis	121.358	130.123	153.639

Summe	405.120
: 3 = Jahresertrag	135.040
× 1/Kapitalisierungszins (7,09%)	14,104372
= Unternehmenswert	1.904.654

7.2. IDW S1

Die Unternehmensbewertung durch Wirtschaftsprüfer wird durch den IDW Standard: Grundsätze zur Durchführung von Unternehmensbewertungen (IDW S1 i.d.F. 2008) geregelt.

Grundsätzlich wird nach diesem Standard von der Unternehmensbewertung nach dem Zukunftserfolgswert ausgegangen (Tz. 4, 5). Als anerkannte Methoden werden das Ertragswertverfahren und die Discounted Cash Flow-Verfahren favorisiert (Tz. 7).

Bei der Bewertung bestimmt der Bewertungszweck die Verfahrensweise. Unterschieden werden die Funktion des Wirtschaftsprüfers als neutraler Gutachter, Berater und Vermittler (Tz. 12). Für die Bewertung werden einige generelle Grundsätze festgelegt (Tz. 17 ff.):

• Maßgeblichkeit des Bewertungszwecks
• Bewertung der wirtschaftlichen Unternehmenseinheit
• Stichtagsprinzip
• gesonderte Bewertung des betriebsnotwendigen und nicht betriebsnotwendigen Vermögens
• Unbeachtlichkeit des bilanziellen Vorsichtsprinzips
• Nachvollziehbarkeit der Bewertungsansätze

Bei der Diskontierung wird der Kapitalisierungszinssatz in Abhängigkeit vom Bewertungsverfahren und der Funktion des Bewerters festgelegt. Bei der Ermittlung von objektivierten Unternehmenswerten erfolgt die Ermittlung grundsätzlich mit Hilfe des CAPM (Tz. 85 ff., 114 ff.)

Hinsichtlich der Berücksichtigung der persönlichen Ertragsteuer (Tz. 30, 31) ist zu unterscheiden: Wird der Gutachter aufgrund unternehmerischer Initiativen (z.b. Kauf/Verkauf) tätig, erfolgt keine explizite Berücksichtigung von persönlichen Steuern bei der Ermittlung der finanziellen Überschüsse und des Kapitalisierungszinssatzes. Bei gesetzlich oder vertraglich geregelten oder vereinbarten Bewertungsanlässen erfolgt eine unmittelbare Berücksichtigung von persönlichen Ertragsteuern.

Anhang 1: Daten der TEC GmbH

Bilanz zum 31.12.xxx0

Aktiva				Passiva
A. Anlagevermögen		**A. Eigenkapital**		
I. Immaterielle Vermögensgegenstände		I. Gezeichnetes Kapital		1.000.000
Patent	30.000			
II. Sachanlagen		**B. Rückstellungen**		
1. Grundstücke und Bauten	315.000	1. Pensionsrückstellungen		294.000
2. Maschinen	97.500	2. Sonstige Rückstellungen		21.000
3. Betriebs- und Geschäftsausstattung	30.000	**C. Verbindlichkeiten**		
III. Finanzanlagen		1. Verbindlichkeiten		
Beteiligung	108.000	gegenüber Kreditinstituten		333.500
		2. Verbindlichkeiten aus L+L		301.500
B. Umlaufvermögen				
I. Vorräte Roh-, Hilfs- und Betriebsstoffe	618.000			
II. Forderungen Forderungen aus L+L	592.500			
III. Kassenbestand, Guthaben bei Kreditinstituten	159.000			
	1.950.000			1.950.000

Gewinn- und Verlustrechnungen der letzten drei Jahre

		Jahr -2	Jahr -1	Jahr 0
Nr.	Posten	€	€	€
1.	Umsatzerlöse	1.081.731	1.125.000	1.192.500
2.	sonstige betriebliche Erträge	65.000	60.000	67.000
3.	Aufwendungen für Roh-, Hilfs- und Betriebsstoffe	387.790	403.302	427.500
4.	Löhne und Gehälter	228.041	233.298	241.500
5.	Soziale Abgaben	94.899	97.087	100.500
6.	Abschreibungen auf Sachanlagen	20.000	21.000	21.000
7.	sonstige betriebliche Aufwendungen	213.383	215.773	219.500
8.	Erträge aus Beteiligung	7.750	7.850	7.985
9.	Zinsen und ähnliche Aufwendungen	37.000	36.500	38.000
10.	Ergebnis der gewöhnlichen Geschäftstätigkeit	173.368	185.890	219.485
11.	außerordentliche Erträge	5.000	0	0
12.	außerordentliche Aufwendungen	0	3.500	0
13.	außerordentliches Ergebnis	5.000	-3.500	0
14.	Steuern vom Einkommen und vom Ertrag	53.510	54.717	65.846
15.	Jahresüberschuss	124.858	127.673	153.639

Plan-Gewinn- und Verlustrechnungen der nächsten fünf Jahre

		Jahr 1	Jahr 2	Jahr 3	Jahr 4	Jahr 5
Nr.	Posten	€	€	€	€	€
1.	Umsatzerlöse	1.252.125	1.314.731	1.380.468	1.449.491	1.521.966
2.	sonstige betriebliche Erträge	67.000	67.000	67.000	67.000	67.000
3.	Aufwendungen für Roh-, Hilfs- und Betriebsstoffe	448.875	471.319	494.885	519.629	545.611
4.	Löhne und Gehälter	248.745	256.352	264.340	272.727	281.533
5.	Soziale Abgaben	103.515	106.681	110.005	113.495	117.160
6.	Abschreibungen auf Sachanlagen	21.000	25.000	25.000	25.000	25.000
7.	sonstige betriebliche Aufwendungen	222.793	226.250	229.880	233.691	237.693
8.	Erträge aus Beteiligung	8.000	8.000	8.000	8.000	8.000
9.	Zinsen und ähnliche Aufwendungen	38.000	38.000	38.000	38.000	38.000
10.	Ergebnis der gewöhnlichen Geschäftstätigkeit	244.197	266.129	293.358	321.949	351.969
11.	Steuern vom Einkommen und vom Ertrag	73.259	79.839	88.007	96.585	105.591
12.	Jahresüberschuss	170.938	186.290	205.351	225.364	246.378

EBIT-Berechnung der nächsten fünf Jahre

	Jahr 1	Jahr 2	Jahr 3	Jahr 4	Jahr 5
Posten	€	€	€	€	€
Jahresüberschuss	170.938	186.290	205.351	225.364	246.378
+ Steuern vom Einkommen und vom Ertrag	73.259	79.839	88.007	96.585	105.591
+ Zinsen und ähnliche Aufwendungen	38.000	38.000	38.000	38.000	38.000
– Erträge aus Beteiligung	8.000	8.000	8.000	8.000	8.000
= Ergebnis vor Steuern und Zinsen (EBIT)	274.197	296.129	323.358	351.949	381.969

Cash Flow-Berechnung der nächsten fünf Jahre

	Jahr 1	Jahr 2	Jahr 3	Jahr 4	Jahr 5
Posten	€	€	€	€	€
Ergebnis vor Steuern und Zinsen (EBIT)	274.197	296.129	323.358	351.949	381.969
– Steuern vom EBIT	82.259	88.839	97.007	105.585	114.591
+ Abschreibungen	21.000	25.000	25.000	25.000	25.000
+ Erhöhung (– Verminderung) Rückstellungen	6.500	6.500	6.500	6.500	6.500
– Investitionen AV	21.000	50.000	25.000	25.000	25.000
– Erhöhung (+ Verminderung Working Capital)	1.000	1.000	1.000	1.000	1.000
= Free Cash Flow	197.438	187.790	231.851	251.864	272.878

	Jahr 1	Jahr 2	Jahr 3	Jahr 4	Jahr 5
Posten	€	€	€	€	€
Free Cash-Flow	197.438	187.790	231.851	251.864	272.878
– Fremdkapitalzinsen	38.000	38.000	38.000	38.000	38.000
+ Steuern auf die Fremdkapitalzinsen	11.400	11.400	11.400	11.400	11.400
– Tilgung (+ Aufnahme) Fremdkapital	0	0	0	0	0
= Flow to Equity	170.838	161.190	205.251	225.264	246.278

Anhang 2: Formelsammlung

1. Allgemeine finanzmathematische Grundlagen

Abzinsungsfaktor

$$q^{-n} = (1+i)^{-n} = \frac{1}{q^n} = \frac{1}{(1+i)^n}$$

Rentenbarwertfaktor

$$RBF = \frac{q^n - 1}{q^n \cdot i} = \frac{(1+i)^n - 1}{(1+i)^n \cdot i}$$

Barwert einer einmaligen Zahlung

$$BW = E_t \cdot q^{-t}$$

Barwert einer Zahlungsreihe (allgemein)

$$BW = \sum_{t=1}^{n} E_t \cdot q^{-t}$$

Barwert einer gleichbleibenden Zahlungsreihe

$$BW = E \cdot \frac{q^n - 1}{q^n \cdot i} = E \cdot RBF$$

Barwert einer ewigen Rente

$$BW = \frac{E}{i}$$

Barwert einer ewigen Rente mit Wachstumsrate

$$BW = \frac{E_1}{i - w}$$

Barwert einer endlichen Zahlungsreihe (Phase 1) und einer ewigen Rente (Phase 2)

$$BW = \sum_{t=1}^{T} E_t \cdot q^{-t} + \frac{E_{T+1}}{i} \cdot q^{-T}$$

Barwert einer endlichen Zahlungsreihe (Phase 1) und einer ewigen Rente mit Wachstumsrate (Phase 2)

$$BW = \sum_{t=1}^{T} E_t \cdot q^{-t} + \frac{E_{T+1}}{i - w} \cdot q^{-T}$$

2. Zinsen / Renditen / Kapitalkosten

Fremdkapitalkosten

$$i_{FK} = \frac{Zinsen}{FK}$$

$$i_{FK} = r_B + cbs$$

Eigenkapitalkosten (CAPM)

$$i_{EK,V} = r_B + (r_M - r_B) \cdot \beta_V$$

$$i_{EK,U} = r_B + (r_M - r_B) \cdot \beta_U$$

Gesamtkapitalkosten (WACC)

$$i_{WACC} = i_{EK,V} \cdot \frac{EK}{GK} + i_{FK} \cdot \frac{FK}{GK} \cdot (1 - s)$$

Diskontierungszinssatz (AWH-Verfahren)

$$i_{AWH} = (r_B + z_F + z_K + z_P + z_B + z_S + z_{BA} + z_{AN} + z_{EP} + z_{sonst} + z_{IH}) \cdot (1 - s_{AB})$$

3. Einzelbewertungsverfahren

Substanzwertverfahren

$$UW_{SW} = W_{BV} + L_{NBV} - FK$$

Liquidationswertverfahren

$$UW_{LW} = L_V - FK - K_L$$

4. Gesamtbewertungsverfahren

4.1. Ertragswertverfahren

$$UW_{EW} = \sum_{t=1}^{T} E\ddot{U}_t \cdot (1 + i_{EK,V})^{-t} + \frac{E\ddot{U}_{T+1}}{i_{EK,V} - w} \cdot (1 + i_{EK,V})^{-T} + L_{NBV}$$

4.2. AWH-Verfahren

$$UW_{AWH} = \frac{0,1 \cdot BE_{-3} + 0,2 \cdot BE_{-2} + 0,3 \cdot BE_{-1} + 0,4 \cdot BE_0}{i_{AWH}}$$

4.3. DCF-Verfahren

Free Cash Flow (FCF)

    Ergebnis vor Steuern und Zinsen (EBIT)
− Steuern vom EBIT
+ Abschreibungen
+ Erhöhung (− Verminderung) Rückstellungen
− Investitionen AV
− Erhöhung (+ Verminderung Working Capital)
= Free Cash Flow

Flow to Equity (FTE)

    Free Cash-Flow
− Fremdkapitalzinsen
+ Steuern auf die Fremdkapitalzinsen
− Tilgung (+ Aufnahme) Fremdkapital
= Flow to Equity

WACC-Verfahren

$$UW_{WACC} = \sum_{t=1}^{T} FCF_t \cdot (1 + i_{WACC})^{-t} + \frac{FCF_{T+1}}{i_{WACC} - w} \cdot (1 + i_{WACC})^{-T} + L_{NBV} - FK$$

APV-Verfahren

$$UW_{APV} = \sum_{t=1}^{T} FCF_t \cdot (1 + i_{EK,U})^{-t} + \frac{FCF_{T+1}}{i_{EK,U} - w} \cdot (1 + i_{EK,U})^{-T} + \sum_{t=1}^{T} \frac{s \cdot i_{FK} \cdot FK_{t-1}}{(1 + i_{FK})^t} + \frac{s \cdot i_{FK} \cdot FK_{T-1}}{(1 + i_{FK})^T \cdot i_{FK}} + L_{NBV} - FK$$

Equity-Verfahren

$$UW_{FTE} = \sum_{t=1}^{T} FTE_t \cdot (1 + i_{EK,V})^{-t} + \frac{FTE_{T+1}}{i_{EK,V} - w} \cdot (1 + i_{EK,V})^{-T} + L_{NBV}$$

5. Kombinationsverfahren

Mittelwertverfahren

$$UW_{MW} = \frac{UW_{SW} + UW_{EW}}{2}$$

Übergewinnverfahren

$$UW_{ÜG} = UW_{SW} + \sum_{t=1}^{n} (EÜ_t - UW_{SW} \cdot r_M) \cdot (1 + i_{ÜG})^{-n}$$

Stuttgarter Verfahren

$$V = \frac{\text{Vermögen} - \text{Schulden}}{\text{Nennkapital}} \cdot 100$$

$$E = \frac{\text{Ertrag}_{-1} \cdot 3 + \text{Ertrag}_{-2} \cdot 2 + \text{Ertrag}_{-3}}{\text{Nennkapital} \cdot 6} \cdot 100$$

$$X = 0,68 \cdot (V + 5 \cdot E)$$

$$UW_{SV} = NW \cdot X$$

6. Multiplikatorverfahren

Multiplikator (allgemein)

$$M = \frac{WG}{BG}$$

Multiplikatorverfahren

$$UW_M = M \cdot BG_U$$

Typische Multiplikatoren:

$$KUV = \frac{\text{Marktkapitalisierung}}{\text{Umsatz}}$$

$$KGV = \frac{\text{Kurs je Aktie}}{\text{Gewinn je Aktie}}$$

$$EV/EBIT = \frac{\text{Enterprise Value}}{\text{EBIT}}$$

Anhang 3: Anlage vereinfachtes Ertragswertverfahren

Finanzamt	
Aktenzeichen/Steuernummer	**Bewertungsstichtag:** ....

Anlage Vereinfachtes Ertragswertverfahren zur Feststellungserklärung

Zeile	Ermittlung im vereinfachten Ertragswertverfahren (§ 200 BewG)			
1				
2	**Ermittlung des Jahresertrags (§ 201 und § 202 BewG)**			
3	Betriebsergebnisse der letzten drei vor dem Besteuerungszeitpunkt abgelaufenen Wirtschaftsjahre	20....	20....	20....
4	**Ausgangswert** (Gewinn im Sinne des § 4 Abs. 1 / § 4 Abs. 3 EStG)	Wert	Wert	Wert
5	**Hinzurechnungen (§ 202 Abs.1 Nr. 1 BewG)**			
6	Investitionsabzugsbeträge	+	+	+
7	Sonderabschreibungen und erhöhte Absetzungen	+	+	+
8	Bewertungsabschläge und Zuführungen zu steuerfreien Rücklagen sowie Teilwertabschreibungen	+	+	+
9	Absetzungen auf den Geschäfts- oder Firmenwert oder auf firmenwertähnliche Wirtschaftsgüter	+	+	+
10	Einmalige Veräußerungsverluste sowie außerordentliche Aufwendungen	+	+	+
11	Im Gewinn <u>nicht</u> enthaltene Investitionszulagen	+	+	+
12	Ertragsteueraufwand	+	+	+
13	Aufwendungen im Zusammenhang mit <u>nicht</u> betriebsnotwendigem Vermögen (§ 200 Abs. 2 BewG)	+	+	+
14	Aufwendungen im Zusammenhang mit jungem Betriebsvermögen (§ 200 Abs. 4 BewG)	+	+	+
15	Übernommene Verluste aus Beteiligungen (§ 200 Abs. 2 bis 4 BewG)	+	+	+
16	**Abzüge (§ 202 Abs.1 Nr. 2 BewG)**			
17	Gewinnerhöhende Auflösungsbeträge steuerfreier Rücklagen sowie Teilwertzuschreibungen	./.	./.	./.
18	Einmalige Veräußerungsgewinne sowie außerordentliche Erträge	./.	./.	./.
19	Im Gewinn enthaltene Investitionszulagen	./.	./.	./.
20	Angemessener Unternehmerlohn (soweit dieser noch nicht berücksichtigt wurde)	./.	./.	./.
21	Erträge aus der Erstattung von Ertragsteuern	./.	./.	./.
22	Erträge in Zusammenhang mit <u>nicht</u> betriebsnotwendigem Vermögen (§ 200 Abs. 2 BewG)	./.	./.	./.
23	Erträge in Zusammenhang mit betriebsnotwendigen Beteiligungen (§ 200 Abs. 3 BewG)	./.	./.	./.
24	Erträge im Zusammenhang mit jungem Betriebsvermögen (§ 200 Abs. 4 BewG)	./.	./.	./.
25	**Sonstige Hinzurechnungen und Abzüge (§ 202 Abs. 1 Nr. 3 BewG)**			
26	Hinzurechnungen	+	+	+
27	Abzüge	./.	./.	./.
28	**Betriebsergebnis** (vor Ertragsteueraufwand)			
29	**Ertragsteueraufwand (§ 202 Abs. 3 BewG)** pauschal 30% von Zeile 28	./.	./.	./.
30	**Betriebsergebnis (§ 202 BewG)**			

Seite 85

Zeile				
31	**Ermittlung im vereinfachten Ertragswertverfahren (§ 200 BewG)**			
32	Durchschnittsertrag =	Summe der Betriebsergebnisse (Zeile 30)		Wert
		Anzahl der Jahre des Ermittlungszeitraums		
33	Durchschnittsertrag			Wert
	bei negativem Durchschnittsertrag Wert 0 eintragen			
34	In Zukunft erzielbarer Jahresertrag			Wert
	(Bitte eingehende Begründung in besonderer Anlage beifügen)			
35	Anzusetzender Jahresertrag (§ 201 BewG)			Wert
	(Betrag aus Zeile 33 oder 34)			
36	**Ermittlung des Kapitalisierungsfaktors (§ 203 Abs.3 BewG)**			
37	Zuschlag (§ 203 Abs. 1 BewG)			4,5 %
38	Basiszins (§ 203 Abs. 2 BewG)		+	%
39	Kapitalisierungszinssatz			%
40	**Kapitalisierungsfaktor**	1		
		Zeile 39 in %		
41	**Ermittlung Ertragswert (§ 200 Abs. 1 BewG)**			
42	**Ertragswert =** Anzusetzender Jahresertrag (Zeile 35)	**x**	Kapitalisierungsfaktor (Zeile 40)	Wert
43	**Gesonderter Ansatz mit dem gemeinen Wert (§ 200 Abs. 2 bis 4 BewG)**			
44	Nicht betriebsnotwendiges Vermögen (§ 200 Abs. 2 BewG)		+	
	Gemeiner Wert			
45			./.	
	Mit Zeile 44 in wirtschaftlichem Zusammenhang stehende Schulden			
46	**Betriebsnotwendige Beteiligungen an anderen Gesellschaften (§ 200 Abs. 3 BewG)**		+	
	Gemeiner Wert			
47	Innerhalb von zwei Jahren vor dem Stichtag eingelegte Wirtschaftsgüter (§ 200 Abs. 4 BewG)		+	
	Gemeiner Wert			
48			./.	
	Mit Zeile 47 in wirtschaftlichem Zusammenhang stehende Schulden			
49	Summe Zeile 44 bis 48			
50	**Ertragswert des Betriebes / der Gesellschaft**			
	(Summe aus der Zeile 42 und der Zeile 49)			